创新理论与新旧动能转换能力开发

耿禧则 著
孔令明

本书由2019年山东省社会科学规划研究项目(19BJCJ25)资助出版。

哈尔滨出版社
HARBIN PUBLISHING HOUSE

图书在版编目（CIP）数据

创新理论与新旧动能转换能力开发 / 耿禧则，孔令明著. -- 哈尔滨：哈尔滨出版社，2022.9
ISBN 978-7-5484-6640-6

Ⅰ.①创… Ⅱ.①耿… ②孔… Ⅲ.①企业创新—研究 Ⅳ.①F273.1

中国版本图书馆CIP数据核字(2022)第143982号

书　　名：创新理论与新旧动能转换能力开发
CHUANGXIN LILUN YU XINJIU DONGNENG ZHUANHUAN NENGLI KAIFA

作　　者：耿禧则　孔令明　著
责任编辑：韩金华
封面设计：树上微出版

出版发行：哈尔滨出版社（Harbin Publishing House）
社　　址：哈尔滨市香坊区泰山路82-9号　　邮编：150090
经　　销：全国新华书店
印　　刷：武汉市籍缘印刷厂
网　　址：www.hrbcbs.com
E - m a i l：hrbcbs@yeah.net
编辑版权热线：（0451）87900271　87900272
销售热线：（0451）87900202　87900203

开　　本：710mm×1000mm　1/16　印张：16.75　字数：229千字
版　　次：2022年9月第1版
印　　次：2022年9月第1次印刷
书　　号：ISBN 978-7-5484-6640-6
定　　价：88.00元

凡购本社图书发现印装错误，请与本社印制部联系调换。
服务热线：（0451）87900279

目　录

第一部　关于创新能力……………………………………001

第一章　创新系统……………………………………003
1.1　创新系统和创新能力………………………………003
1.2　创新系统与人脑……………………………………006

第二章　先后天创新性…………………………………009
2.1　先天创新性…………………………………………009
2.2　后天创新性…………………………………………011
2.3　创新性的作用………………………………………012

第三章　自我实现倾向性………………………………014
3.1　自我实现倾向性与自我实现………………………014
3.2　自我实现倾向性与自我实现人格…………………016

第四章　权力属性………………………………………020
4.1　权力属性和个人行为特征…………………………020
4.2　权力属性的作用……………………………………022

第五章　创新系统与个人能力开发……………………027
5.1　创新系统与个体的创新性…………………………027
5.2　个体先天和后天能力的形成与表达………………030

第二部　创新能力开发原理 ········ 035

第六章　权力5属性与Power Process ········ 037
6.1　权力5属性和人类行为 ········ 037
6.2　自我净化和权力5属性的激活 ········ 045
6.3　价值化和Power Process ········ 053

第七章　创新能力开发5阶段 ········ 069
7.1　创新能力开发5阶段的内容 ········ 069
7.2　自我净化与创新能力开发 ········ 076

第八章　自我实现自由意志循环 ········ 081
8.1　自我实现自由意志寿命周期与创新能力开发5阶段 ········ 081
8.2　自我实现自由意志循环和创新行为特性 ········ 086

第九章　自我实现自由意志的自生性成长 ········ 090
9.1　自我实现自由意志自生性成长模型 ········ 090
9.2　自我实现自由意志3要素的正体性和动机形成 ········ 092
9.3　自我实现自由意志3要素的激活 ········ 093
9.4　自我实现自由意志3要素的影响力 ········ 095

第三部　创新能力诊断与开发 ········ 097

第十章　个人的创新能力诊断与开发 ········ 099
10.1　PSAD和创新能力诊断 ········ 099
10.2　PSAD创新能力诊断系统的结构 ········ 102
10.3　PSAD创新能力诊断的流程 ········ 105
10.4　PSAD和创新能力开发方案 ········ 106
10.5　PSAD与创新能力开发效果 ········ 110

第十一章　PSAD简便诊断 ········ 114
11.1　PSAD简便诊断概述 ········ 114

11.2　意志类型与个人的未来行为特性 …………………… 119

　　11.3　成就行为和权力的非合理性条件的消除 …………… 121

　　11.4　自我主导性能力开发 ………………………………… 124

第十二章　PSAD一般诊断和完全机能能力开发 ……………… 133

　　12.1　PSAD 一般诊断概述 ………………………………… 133

　　12.2　完全机能行为的类型和特性 ………………………… 137

　　12.3　Power Process 和成就行为的诱发 ………………… 139

　　12.4　完全机能行为模式和完全机能能力开发 …………… 143

第四部　创新理论在新旧动能转换中的应用 …………………… **151**

第十三章　价值化役量与竞争优势 ……………………………… 153

　　13.1　研究目的和意义 ……………………………………… 153

　　13.2　竞争战略与竞争优势的理论考察 …………………… 157

　　13.3　价值化与竞争战略 …………………………………… 175

　　13.4　Power Process 与价值 ……………………………… 187

　　13.5　基于竞争优势的企业绩效测度 ……………………… 193

　　13.6　研究设计 ……………………………………………… 201

　　13.7　实证分析 ……………………………………………… 210

　　13.8　结论与启示 …………………………………………… 214

第十四章　创新能力与新旧动能转换 …………………………… 223

　　14.1　研究背景 ……………………………………………… 223

　　14.2　新旧动能转换的动力来源 …………………………… 225

　　14.3　大数据服务企业的新旧动能转换因子设计 ………… 230

　　14.4　成果应用 ……………………………………………… 233

第十五章　新旧动能转换与服务企业竞争优势 ………………… 234

　　15.1　服务企业竞争优势 …………………………………… 234

15.2 新旧动能转换的动力机制 …………………………… 237
　　15.3 数学模型的建立 ……………………………………… 238
　　15.4 实证研究 ……………………………………………… 239
　　15.5 建立新旧动能转换与服务型企业竞争优势关系模型… 242

附　录 ………………………………………………………… 245

关于企业的价值化役量与竞争优势的调查问卷 …………… 246
关于企业的价值化役量与竞争优势的调查问卷 …………… 247
　　1. 关于根源性 5 价值化役量的问项 …………………… 248
　　2. 关于个人价值化役量的问项 ………………………… 251
　　3. 关于经营环境的问项 ………………………………… 252
　　4. 关于经营成果的问项 ………………………………… 253
　　5. 关于企业一般事项的问项 …………………………… 254

参考文献 ……………………………………………………… 256

第一部

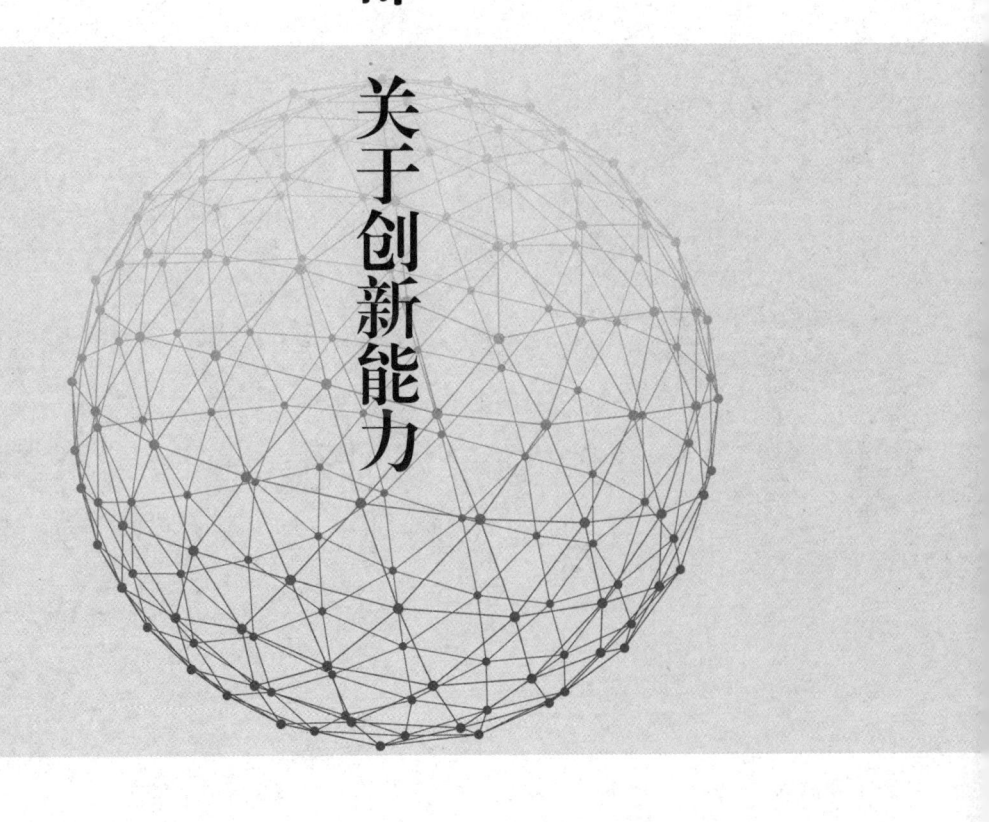

关于创新能力

第一部 关于创新能力

第一章 创新系统

人的创造能力是由创新性（creativity）、自我实现倾向性（self-actualization tendency）和权力5属性的相互作用所诱发而产生的。上述三者构成了创新系统，即创新系统是由创新性、自我实现倾向性和权力5属性三个要素构成的。人的大脑能够实现个人的创新性思考和精神性机能。本章主要介绍创新系统和创新能力的关系，以及人类大脑功能与创新性的关系。

1.1 创新系统和创新能力

人类具有创新的本能，总是自觉和不自觉地创造新鲜事物，以此来改变自己的生活。举例来说，人类创造新的制度、技术、知识和文化，从而改变社会，同时改善自身的生活质量。创造全新事物的能力则依赖于人的创新思维或行动。

创新思维或行动意味着新事物的出现，这些都源于某种全新的结合方式。例如，雕塑和公园的结合就形成了具有创新性的雕塑公园；计算机技术与机械技术结合能生产出机器人；东西方文化的结合则能够创出新的文化。

具有创新思维的个人具备了创出全新结合方式的思考能力，同时，能够将这一能力付诸实践并创出价值。我们往往能从具有创新思维的个人身上看到以下几种想法或行动特性。

- 富有进取精神的想法或行动。
- 积极的想法或行动。
- 思想或行动都很开放。
- 有独创性的想法或行动。
- 有耐心和毅力。
- 有自信。
- 具有更优秀的应用能力。
- 能够更好地适应环境的变化。
- 能够创造积极的环境。
- 更加关心问题的解决。
- 对风险具有挑战精神。

人们的创新思维和行动源于其自身的创新系统。人的创新系统是由创新性、自我实现倾向性和权力 5 属性组成的。

创新性是全新跨越产生的动机（motive），能够寻求创新的根源，并从根源上引领新事物的诞生。因此，当我们需要解决某个问题，或者对已有的解决方法并不满意的时候，会不知不觉中谋求其他解决方法，而创新性则诱发了这样的冲动。创新性并不是少数天才才具有的才能，而是我们每个人都具有的一种潜能（Torrance，1966）。

我们每个人都生而具有谋求生存、成长和发展的权力。我们将这种权力称为自我实现倾向性（self-actualization tendency）。自我实现倾向性创出了人类遗传的潜能和实现可能性的行动。对于个人而言，要促成哪些行动的实施，还是不实施这个行动，有时候是并不自知的。但是，一旦行动的过程被激发，往往会实施下去。自我实现倾向性使个人完成自我实现（self-actualization）。自我实现是个人的潜能和可能性同时得到开发，并最高层次地实现个人期待的过程（Rogers，1961）。

人类作为一种权力主体，天生具有创造、保存、结合、支配和归属 5 种权力属性。每种属性都根据其独特的特征支配着人类的思想或行为。例如，创造属性创出了独创性、新颖性、发明和想象力。保存属性创出了固有价值和正体性。结合属性创建了关系，支配属性创出了领导力，归属属性创出了环境适应能力。权力 5 属性从个人层面上实现了自身组织化，创出了问题解决能力和目标实现能力。

创新性包括先天创新性和后天创新性两种。先天创新性是遗传的，后天创新性则是由学习而获得的。先天创新性是自我实现倾向性所固有的，后天创新性则存在于权力 5 属性之中。因此，创新性包含在自我实现倾向性之中，在自我实现倾向性的激活条件中优先被激活。同时，自我实现倾向性包含在权力 5 属性之中，决定了权力 5 属性的作用模式。

综上所述，创新性、自我实现倾向性、权力 5 属性被称为创新能力三要素，它们通过相互作用创出创新能力。

个人的创新能力是寻求个人最佳欲求，并为实现该欲求而寻找新资源、技术和方法的能力。创新能力三要素在个人内部以联合的形式存在着。

创新能力三要素为创新能力的发挥起到了各自不同的作用。先天创新性和后天创新性体现了人类的生命力。生命力并不只是单纯的活着的能力，而是通过改变影响其他事物的权力。这样的创新性在自我实现倾向性的开放条件中优先被激活，并促使自我实现倾向性得以开放。

自我实现倾向性的开放依赖于创新性。得到开放的自我实现倾向性为个人从生物学、心理和精神层面上实现最佳状态提供了动机。此外，自我实现倾向性使权力 5 属性实现同时有效的相互作用，在此过程中，个人的潜在才能或可能性得到发挥。

认知（cognition）是基于所有类型思想的活动（Nairne,2006）。认知是个人了解环境，并对环境作出反应的智力过程（Frances 等，1998）。正如我所指出的，权力 5 属性根据其特性来支配人类的思想或行为，因此，人们各自具有独特的认知能力。权力 5 属性通过认知能力帮助个人认识和适应环境，形成最合理的目的指向性行动。

组织是由组织核和组织核的周边部分构成的。组织核是组织资源的所有者，或具有最大影响力的组织成员。组织核的周边部分则是组织核的追随者。组织核作为组织的领导者起到支配组织的作用，组织核的价值就是组织的核心价值。组织的周边部分作为组织核的追随者，对组织核进行支持。例如，在太阳系中，太阳是太阳系的组织核，其余的行星构成组织核的周边部分。太阳支配着太阳系，太阳的周边部分受到太阳的影响。

在创新系统中，创新性是创新系统的组织核，自我实现倾向性和权力5属性构成创新系统的周边部分。正如太阳系中太阳独立散发光线一样，创新性作为一种生命力，独立地发生变化，谋求新飞跃，激活自我实现倾向性，支配了整个创新系统。自我实现倾向性为成为最优个人提供内在动机，同时激活权力5属性。权力5属性通过创新性和自我实现倾向性的相互作用，创出创新能力，与个人经验及知识相互作用，创出了各种才能，促使个人迈向自我实现。

1.2 创新系统与人脑

人脑是头骨内部的器官，是神经系统的最高中枢，主要由神经细胞和神经纤维组成，周围环绕着丰富的血管组织和脑膜。根据形态和功能，人脑分为大脑（cerebrum）、小脑（cerebellum）和脑干（brain stem），大脑分为左脑和右脑。人脑执行运动、感觉、语言、记忆和高级精神功能，保持清醒、稳态、调节身体代谢等生存所需的环境。

正如我们所知，计算机能够执行例如记忆、逻辑和数学运算、比较和决策等人类的精神功能。计算机资源由硬件和软件组成。

计算机的软件是运行计算机的程序，由用户程序和系统程序组成。用户程序是满足计算机用户要求的各种应用程序，如检索和处理资料等。系统程序是管理计算机功能，使用户程序高效执行的程序。

计算机的硬件由控制装置、运算装置和记忆装置组成，这些装置是作为计算机的物理组成体而执行的计算机功能，记忆装置则分为周期记忆装置和辅助记忆装置。

如前所述，个人的创新系统通过与个人经验和知识的交互作用创出各种才能。这样的个人创新系统与电脑的软件系统具有相似性，作用于人类的大脑，使个人生存的各种精神功能得以体现，并维持生存环境。换句话说，个人创新系统是创新能力和才华创出的源头。

和计算机控制、运算和记忆装置的功能不同一样，人脑各个部门的功能也有差异。比如，大脑执行运动、感觉、语言、记忆和高等精神功能，同时维持生命所需的各种功能。小脑不会直接触发自发运动，而是从其他部分或脊髓中接收外界的感知信息，对于运动功能进行协调。小脑的这些运动调节功能被激活，使精密运动成为可能。

人的左脑承担着逻辑思维，如逻辑、数学、语言、体系、计划、顺序、数理、分析、推理、合理性、记忆、信息、训练、判断、客观等。右脑承担非逻辑和想象思维，如感性、即兴、直观、批评、演绎、被动、神秘和创新思维。科学性或收敛性思考中左脑的作用较大，但在创新或发散性思考中，右脑的作用大于左脑。虽然看上去，左脑发达的话，学业成绩会更高，创新能力会更强，但通过书籍和教育所获得的知识，它只能对既存事物进行分析、处理、改造，而无法创出以右脑为基础的创新能力。创新能力取决于左右脑的均衡发展和合作。

人的生理或身体机能或能力开发并不是偶然发生的，而是基于开发这些技能和能力的持续发展和意志努力。例如，胳膊和腿部肌肉的功能和能力是在持续进行手臂和腿部运动的时候得到强化的。同样，人脑的功能也需要经历一个为开发其功能或能力而进行持续发展或意志努力的过程。

如前所述，人的创新系统对大脑产生作用，使个人生存的各种精神功能得以体现，并维持其生存环境。因此，人的创新系统成为了大脑功能或能力开发的工具。也就是说，人的创新系统在左脑和右脑中进行同时有效作用的程度越高，人脑的机能和能力就越强，从而诱发创新能力。

个人创新系统是先天的，存在于每个人内在的潜在能力或可能性之中。潜在能力或可能性意味着不活跃的能力。人为了开发自己的脑、技能和能力，应该致力于激活自己的创新系统。

在个人创新系统中，创新性激发自我实现倾向性，自我实现倾向性则诱发个人在身体、心理和精神层面寻求最高价值的动机。此外，自我实现倾向性能够激活权力5属性。

权力5属性各自与创新性和自我实现倾向性进行相互作用，创造出自己独特的根源性创新能力。因此，权力5属性同时有效的相互作用，会增强个人的左脑和右脑的机能和能力，个人的创新能力则逐渐转变为完全机能的创新能力。

第二章　先后天创新性

创新性是创新系统的组织核，支配着自我实现倾向性和权力 5 属性的行动。同时，创新性也可以分为先天与后天两种。先天创新性是遗传的，存在于自我实现倾向性的本能形态或潜在归属之中，是在特定条件下体现出来的。相比之下，后天创新性是通过学习获得的。本章介绍先天与后天创新性的意义与作用。

2.1　先天创新性

Kuhn 等（1773）对先天创新性的理解如下：

创新性的行为是由知识赋予的，但并非局限于成人。在某些条件下，儿童在艺术和音乐及许多其他领域表现出非凡的创新能力。不仅如此，即使是一般人也能在创新性思考中展现出非凡的能力。

我们都会认识几个具有发明的才能、独创性和天才性，拥有创造美丽事物或解决任何问题能力的个人。他们有着从官方教育中无法获得的思维方式或特殊资质。因此，人类的创新系统是遗传性的。

先天特质是遗传性的，通常在某些条件下才能出现。举例来说，生存本能包含着为了生存而想要不做就不能违背的与生俱来的生物命令或强大的动机。人天生就有生存的本能。当我们面对生命危险时，我们的生存本能发挥更强的作用。因此，与生俱来的能力和倾向，只要具备了特定条件，都能够自然发挥出来。

人们都相信知识能够促进创新性，但其实过多的知识会妨碍自我实现倾向性的开放。举例说明，过去的经验或以往的知识积累到某一程度，会辅助创新性的表现，但一旦超过这一水平，就会转化为妨碍洞察性思维的制约因素。但与此同时，由于过往的知识是不可能完全隔断的，所以它也担当了重要角色。因此，为了使知识能够促进创新性的实现，需要通过开放思维和各种经验来完善融通性（Weisberg,1999）。

创新性不仅是才华横溢的天才才能享受的神秘能力，即使是普通人在遇到困难时也在经过多次试错后选择和使用最合适的解决方案（Campbell,1977）。因此，创新性人才并不一定是天才，或者是客观上拥有很多经验或知识的人（Simonton,1977）。

人们通常认为智力水平高的人创新性就会很高。但是，智慧不是创新性发挥的必要充分条件。智力水平达到120左右会对创新性的发挥有所帮助，但是智力水平高于120时，其对创新性发挥的影响作用反而下降了。在智力水平达到115左右的情况下，性格或个人努力对创新性的影响作用更大。科学研究表明，创新性和智能的相关系数在0.2左右。因此，智力水平一般的普通人，也会因环境或个人因素而激发创新性（Sternberg等，1999）。

据说随着年龄的增长，创新性也会下降。然而，根据一系列研究，年龄并不是创新性的直接影响因素。日本文部科学省的研究表明，并不是研究员的年纪越大，其科研业绩就越差。贝多芬的杰作《第九交响曲》是其50多岁时创作完成的，达·芬奇也是年逾50才创作了《蒙娜丽莎》。因此，先天创新性的发挥与年龄没有关系，而是取决于个人感知到的环境及个人因素。

先天创新性是每个人的潜能，根据个人感知的环境要素和个人要素有差别地表现出来。例如，对某些人而言，创新性可能会在其完成某些任务时表现出来，而在其他任务中则不会表现出来。另外，对于某些人来说，创新性发挥得较早，但对其他人来说，可能来得晚一些。有些人过去展现出了优秀的独创性，但现在可能就没有了。

先天创新性是一种天生的能力和倾向，只要给予特定条件，在任何人身上都能自然体现出来。因此，为了在思想和行为上表现出先天创新性，我们应该创出对先天创新性发挥有利的环境或条件。这些条件我们将在后面进行介绍。

2.2 后天创新性

后天创新性是由学习习得的创新性。学习意味着思想或行为方面的近乎永久性的变化。我们"知道什么"和"学习"是不同的。知道什么意味着知识。知识意味着对对象的认识或理解。因此，"知道什么"不是行动永久性的变化，即学习的意义。

创新性学习不是让学习者知道创新性的概念或作用，而是学习者的想法或行为具有创新性。创新性训练是创新性思维有意义和有价值的行为。不仅如此，通过特定的直觉方法，创新性态度也会被学习。人们可以通过创新性或产生创新性的方式采取行动就足够了。

要成为特定领域的全球专家，需要1万小时的连续练习。在任何领域，天才都不常见，因为需要1万小时的努力。1万小时每天3小时，10年就超过一点点（Weisberg,1999）。如果我们能够在自己的水平上体验创新性，并将此转化为经验知识，那么我们可以成长为更具创新性的人才，从而获得更大的成就（James等，2009）。

在任何领域，任何天才都依赖于创新性和持续的努力。举例说明，天才科学家爱因斯坦在很多失败中都通过持续的研究，完成和完善了相对论。

他创造创新成果是与众不同的努力。因此，后天创新性的获得并不局限于特定的天才人物，而是当学习者为此不断努力时，才能更有效地获得。

创新性不是通过在某一领域不断努力而获得的。它只是偶然获得，但偶然的发生都存在概率，当你不这样做时它不会发生，而是以经验为依据的。当我们会遇到各种各样的好奇心时，个人创新性也会得到发展。各种与人建立关系的渠道也是可取的，因为关系驱动行动发挥作用。

人类生来就有对环境做出反应的基本冲动。有的人是自我导向，善于体验日常世界，并与所有感官互动，我们通过思维系统感知它（Dewey，1939）。我们正在与谁合作基于对现场环境做出反应的基本冲动，如果我们追求了这样的反应，我们可以获得后天的创新性。我们得到这种创新性还可以传递给我们的后代。

人类生活的本质在于设定目标并实现目标的过程。通过创新获得价值，与他人形成有机的关系，创造自己的价值，创新性还能将不健康的心灵转变为健康的心灵，这类似于需求层次概念中的自我实现（Barron，1988）。先天的和后天的创新性都创造了一个人的活力。它们改变自己以体现人类生活的本质或根源。因此，先天创新性和后天创新性的作用是相同的。

2.3 创新性的作用

创新性为新的飞跃创造了动力。动机是一种内在的驱动力，它迫使人们采取某种行动，是个体为了某种目的而朝着某个方向进行某种行动的一种内在状态（Berelson 等，1964）。创新性包括跨越新领域的内在动力，因为飞跃意味着进步到更高的水平。

有创新性的人的行为是自我满足的，而不是依赖于外部激励的。自愿从事某项工作的个人更具有创新性。例如，伽利略可以通过他发明的望远镜看到自己为之喜悦和满足的宇宙，并在观察宇宙变化的过程中，得出了

第一部 关于创新能力

地球围绕着太阳旋转的创新性结论。

具有创新性的个人的这些自主和自愿的行动表现出生命力是一种自身变化的权力，因为它是由创新性表达的。事实上，一个有创新性的人是一个推销自己作品的人。推广自己的作品的行为是通过创新性来表达的。

根源是事物的开始或起源，是现象的本质和创造。因此，如果我们能知道来源，来源就是可以理解、预测和控制的。比如，如果我们能知道宇宙的起源或开始，我们就会更好地了解宇宙现象，预测和控制变化，甚至可以创建一个新的宇宙。我们知道人类的起源就可以更准确地了解人类，预测人类的行为，可以控制和诱发对期望更敏感的人类的行为。

有创新性的人在他们的领域找到事物的根源。举个例子，天体物理学家试图找到宇宙的起源，从而找到物质的来源。人文科学家正在努力寻找人类的起源。生物学家正在寻找生命之源。他们寻找根源的主要原因是了解根源有助于我们更好地理解我们所看到的现象。我们相信我们可以创造一个高大、可预测、有序和美丽的世界。因为有创新性的人会自我激励去寻找根源，对根源的认知会带来改变，创出新的领域。

创新性是开发新手段或方法，以实现目标或解决问题的能力，表达了创作的过程。正如所指出的，创新性是通过三种能力的相互作用来表达的。人类通过利用创新性的三个要素，研发创新系统，从而解决我们面临的问题。或者，通过创造新的手段或方法来实现我们的目标。本书的目的是在生活中创造新的形态，并提出创新性发展的原则和实用方法或手段。

第三章　自我实现倾向性

正如所指出的，自我实现倾向性是创新系统的周边部分，被创新性激活而得以开发。自我实现倾向性是通过激活权力 5 属性，让个人向自我实现前进的。此外，自我实现倾向性使完全自我实现的人格表现出来，为实现人与人共同生活的世界做出贡献。在本章中，将介绍自我实现倾向性的发展趋势，及其在创新系统中的作用。

3.1　自我实现倾向性与自我实现

3.1.1　自我实现倾向性与自我实现的概念

人是一个由身体、思想和精神组成的生物。身体通过生理过程追求生物生命；心灵是主观的，它涉及心理过程，如情绪体验、感觉和知觉等；灵魂促使我们追求真、善、美、丑等价值导向的理想世界。人类的终极实现是身、心、灵合一，过上身体健康、心理舒畅、精神上追求理想的生活。

身、心、灵结合所实现的理想被称为自我实现。自我实现是身体、思想和精神的结合，它能开发人类能力和潜力，并使人成为自己想成为的人，实现更好的人生目标（Rogers,1961）。一个自我实现的人是通过获得奖励或目标来享受充实和幸福的生活的人。自我实现的行为特征如下：
- 准确认识现实。
- 更喜欢与少数人建立深厚的密切关系。
- 专注于实现自己的目标。
- 想与别人分享极致的体验，例如非常愉快和满足的时刻。

自我实现倾向性是对自我实现和成长倾向的冲动。自我实现倾向性是存在于所有生物体和人类中的强烈冲动，使他们能够成长、扩张并走向自主发展和成熟。自我实现倾向性创造了在生物、心理和生理方面做到最好的内在动机。自我实现倾向性在生物方面包括了对水、食物和空气等物质生存的需求。自我实现倾向性在心理方面涉及向更有价值的人发展潜在的可能性。

Maslow（1971）认为自我实现是一个人独特潜力的发展，是一个具体化的概念。虽然很少有人达到完全自我实现，但每个人都有自我实现的倾向和欲望。这些倾向是成就一个人的最佳状态的动机，给予人类固有的自我实现倾向性是为成长创造以目标为导向的行为。

然而，尽管自我实现倾向性是与生俱来的，但并不是所有人都能够完成自我实现。因为自我实现倾向性对于个人而言，是作为一种物质可能性存在的。例如，根据马斯洛（1971）的观点，自我实现倾向性经常受到环境的威胁。

3.1.2 去除权力的非理性条件，激活自我实现倾向性

Rogers（1961）认为，在存在很多心理障碍的情况下，自我实现倾向性会埋藏得很深。自我实现倾向性总是等待合适的条件出现，才能被表达或开发。自我实现倾向性作为人的潜在能力而存在。所以如果环境没有满足自我实现倾向性被激活的适当条件，个人就无法完成自我实现。

自我实现倾向性是一种非理性状态，在这种状态下，个人的思想或行

为具有强大的权力。如果不受控制，它是可以得到开发的。因此，自我实现倾向性的开启或表达的条件是我们不受权力的非理性条件所支配。权力的非理性条件如下（Kyung-Hwan Lee，2001）。

- 人们的思想或行为依赖于情感或从众心理
- 人表达出来的需求和内在需求不同
- 人的需求不同但权力大小对等
- 独立提升的权力被功能失调的另一权力消解

正如所指出的，在自我实现倾向性的开放条件下，创新性优先得到开发，并开启自我实现的趋势。因此，当个人摆脱了权力的非理性条件的束缚时，创新性优先被激活，并接受自我实现倾向性。在这种情况下，自我实现倾向性起到了激活权力5属性的作用，从而使个人向自我实现前进。为了自我实现，我们必须摆脱权力的非理性条件的束缚。满足环境或情况是可取的，但更重要的是自己可以激活自我实现倾向性的条件或情况。

3.2 自我实现倾向性与自我实现人格

3.2.1 价值衡量过程与认同形成

水、空气、土壤和生物等生态系统实体通过其独特的作用机制得以生存，并创建区域社区。例如，水维持生命，空气使呼吸成为可能，松树在贫瘠的土地上扎根，使土地肥沃。实体的这些角色就是它们所具有的内在价值（value）。我们将对象的内在价值定义为identity，实体的价值为实体创建了独特的角色。

价值是判断或选择的标准，例如"好坏"，它与我们的行为方式有关。价值是人类价值观的参考框架，即个人判断标准或选择标准。人们根据自己的参考框架做出自己的决定，或重视经验、知识或感觉。

个人根据参考框架对自己的经验、知识或感觉做出反应。赋予价值的过程称为估值过程。每个人都有自己的估值过程。世界允许个人拥有适合他或她的参考框架的经验或知识。符合参考框架的价值观结合起来形成一个人的价值。即个人价值是通过价值衡量过程形成的。

3.2.2 个人价值和自我概念

个人价值是个人追求的核心或内在价值,是个体的本质性人格,包括思想、态度、道德和共同行为特征。例如,身体意识、人际关系或角色。正如生态系统实体一样,个人的价值创造了个人的角色或性格,所以价值造就了一个人的性格,即人格。个人价值是不断认清本质、发挥作用的过程。

我们称个人价值为自我。自我是个体的本质,它影响世界作为形象的感知和行为。因此,那些认为自己强大而能干的人有积极的认知,采取积极进取的行动。但有软弱无能形象的人表现出静态感知的被动或封闭行为。个人的性格是在这个过程中出现的行为特征。

根据构成价值形成基础的参考框架,自我可以分为个人自我(personal self)和社会自我(social self)两种。

3.2.3 个人自我

个人自我是通过价值测量过程形成的自我,以个人的自我实现倾向性为参考框架。

个人自我是思考自身存在并想成为自己的自我,关注个人的私人行为。例如,希望在生物、心理和精神方面成为最好的个人的形象是一个人的个人自我。个人自我是个人内在思考的自我,具有他人不知道的特征。个人自我发展为理想自我,以自我实现为参照系的测量过程称为有机价值测量过程（Rogers，1961）。

正如所指出的，个人必须摆脱权力的非理性条件的束缚。在这种情况下，个人的自我实现倾向性才能得到开发。此时，个人自我实现倾向性作为参考框架，形成了个人自我。一个人的想法或行为是由他人判断的，这也可以成为个人为权力的非理性条件所支配的原因。在这种情况下，个人自我实现倾向性的激活受到抑制，评估标准作为个人参考的框架的作用被削弱。

3.2.4　社会自我

当其他人的评估标准成为我们个人参考的框架时，我们就会按照他人的想法行事，这称为价值条件（condition of worth）。社会自我是利用他人的评价标准形成的自我。也就是说，社会自我是由价值条件形成的自我。

比如，如果父母的价值观成为孩子的参照系，这就成为价值观的条件，形成了孩子的社会自我。因此，社会自我创造了其他人对他们的期望和角色。例如，社会自我在组织中创造了个人各自在工作中的角色。社会自我被称为习惯性自我，并可以发展成为公共或实际自我（Rogers，1961）。

3.2.5　自我实现的类型

自我实现是个人价值的实现。个人自我实现是以个人自我为导向的价值观的实现，而社会自我实现是以社会自我为导向的价值观的实现。自我实现包括了个人自我实现和社会自我实现。当个人自我和社会自我一致或和谐时，就会发生完全自我实现。完全自我实现体现为自我实现的生活。

个人如何生活在很大程度上取决于其自我的形态。具有和谐的个人和社会自我的人具有完全自我实现的特征。当个人自我和社会自我处于不和谐的关系中时，个人将倾向于二者中的一种。正如所指出的，个性极大地影响了自我。个人自我和社会自我相和谐的个人，其个性特征也表现为更加积极的状态，而完全自我实现的个性则体现为共同谋求美好幸福的社会生活。

　　自我实现倾向性包括创新性和激活权力5属性。正如所指出的，权力5属性使人们意识到环境，并对其做出反应以产生最理性的、目标导向的行为全部。因此，自我实现倾向性越开放，个人的创造能力就越活跃，个人越容易走向完全自我实现。

第四章 权力属性

权力 5 属性对自我实现倾向性和创新性具有影响，以认知能力为基础，支配人的思想或行为，并创出解决问题的能力，激发目的指向性行为。此外，权力 5 属性还包含了个人的才能和能力。本章将介绍权力 5 属性的特性和作用。

4.1 权力属性和个人行为特征

人天生具有权力 5 属性，即创造、保存、结合、支配和归属属性，它们根据各自独特的特点，支配人的思想和行为。

4.1.1 权力的创造属性

权力的创造属性（creative attribute of Power）与追求独创性和新颖性的能力有关。每个人都在寻求改变。人们对改变的追求取决于权力的创造性。例如，权力的创造性属性使人们创造性地思考和行动。艺术家根据他们的创造属性创造出原创图片或音乐，技术人员通过创造属性的发挥，开发新的技能。

4.1.2 权力的保存属性

权力的保存属性是内在价值或与它寻求价值的能力有关。权力的保存属性是人类独有的性格或价值，它能够通过遗传的方式得以继承，并创出系统，创造历史。权力的保存属性促进了多样性和专业性及社会分化。自然生态系统中个体的独特价值都是由于作用于他们的权力的保存属性而产生的。保存属性与权力主体的正体性有关。

4.1.3 权力的结合属性

权力的结合属性是人与人之间的关系，与创建结合组织的能力有关。权力的结合属性也可以被理解为人的同理心。个人具有形成纽带并创造纽带的倾向。例如，夫妇因爱而结婚，就是结合属性的体现。

个人的结合是一种成长手段，并创造了组织。比如，资本家、工人和技术人员分别以资本、劳动力和技术为基础进行组合，结合是资本、劳动力和技术的动力因素。

4.1.4 权力的支配属性

权力的支配属性与支配他人或对他人进行掌握或控制的能力有关。权力的支配属性促使个人收集其他人的需求和价值观，并努力试图建立共识，并最终将多人统一为一个团体或组织，并创建行动以实现组织目标。

4.1.5 权力的归属属性

归属属性表现为归属于他人或服务他们的能力。权力的归属属性是个人归属于一个更大的组织或权力从而谋求生存的特性。举个例子，作为一个国家的公民，会自觉地产生国家荣誉感和自豪感，这是与生俱来的，权力的归属属性决定了一个人存在的理由。

一个人的思想和行动，都是受权力属性支配的。举个例子，组织成员以自己独特的方式促进变革，以及与同事建立友好关系，他们试图听从上级的指示，并对下属表现出领导力，这体现了结合属性和支配属性。根据独特的方法和组织目标的行为取决于权力的保存属性，而推动新的变革是基于权力的创造属性。领导力是由权力的支配属性创造的。因此，人类行为至少是基于一种权力属性的。

权力属性也作用于人体以支持生理功能。例如，权力的创造属性支持我们体内新细胞的产生。权力的结合属性支配了新细胞和现有细胞的结合；权力的支配和归属属性水平促进了垂直组合及细胞的生长。我们的身体每个器官的细胞都具有独特的特征。例如眼睛和耳朵每个气团都有其不同的特点。权力的保存属性与细胞的唯一性有关。因此，权力5属性被激活得越多，我们的身体和它促进的心理状态就越健康。

正如迄今为止所指出的，权力5属性能够支配个人的思想或行动。权力5属性的这些作用取决于个人的认知能力。认知是将信息识别为思维功能并做出决定，与其他信息进行比较，并解决问题。认知包括了接收和使用来自感觉器官的信息，并转换、组织、存储和检索这些信息（Ciccarelli等人，2009）。权力5属性是通过认知改变环境的能力。通过了解环境如何以某种方式影响个体和环境，使我们知道权力5属性是个体在特定情况下的生存方式。

4.2 权力属性的作用

正如所指出的，权力5属性是根据其特征而独特的认知能力。这种认知能力也使人们意识到环境和它创建了一个响应它的智能过程。这些权力属性通过评估行为，创造了实现目标的能力或解决问题的能力，通过引入竞争与合作的秩序来促进个人创新性的提高，创造积极的行为。

4.2.1 权力属性与竞争合作的秩序

权力属性是竞争与合作的关系。比如权力的创造属性创造出新事物并促进了变革。权力的保存属性是正体性，通过多样化创造和保护历史性从而推动社会差异的发展。因此，权力的创造属性和保存属性之间就是竞争与合作的关系。

权力的保存属性通过社会分化促进了职业化，创造了一种基于权力的羁绊属性，这种组合反过来又支持了专业精神。例如，农民和渔民通过互相交换产品得以生存，同时也提升了农民和渔民的专业精神。所以权力的结合属性和权力的保存属性之间也是竞争与合作的关系。

权力的保存属性和结合属性导致了社会的横向和纵向分化。例如，军人、教师等职业的专业化是社会的横向分工，知识水平和财富水平的差异则导致了纵向秩序的差异。另一方面，权力的支配和归属取决于社会主体的数量。总体而言，社会的纵向秩序诱发了纵向凝聚力，社会的横向和纵向秩序之间也是竞争与合作的关系。因此，权力的支配和归属属性之间是竞争与合作的关系。

权力5属性中的每一种有时独立运作，但在大多数情况下两个或多个属性同时作用以影响人类的思维和行为，正是由于保存属性，才使得独特的个性出现。

具有新的独特个性的绘画是艺术家内心权力的创作属性激发的，并且是它与保存属性同时作用的结果。权力5属性各有其独特的价值，并且其价值是具有连续性、统一性、原创性或恒常性的。因此，一旦权力5属性进行了同时有效的相互作用，人们之间竞争与合作的过程就能得到激发。

4.2.2 权力属性的价值

环境会影响个人，但个人几乎没有控制权。作为一个无法使用的因素，环境往往会在个人中引发价值条件。当个人感知到这些价值的条件时，就会创造环境所偏好的价值，创造环境可以应用这些价值的情境，并试图通过与环境的结合来维持和提升自己的生活。因为不适应环境而被强加了价值条件的个人是无法实现自我维持和提升的。

例如，学生所属的学校就是学生所处的环境。学校为了实现教育的目标，会有多种教育系统，包括校规。教育系统是学校对学生的价值观的条件。如果学生不能产生符合这些价值观条件的行为，面对学校生活就会产生不适应的情况。

我们创造价值以满足价值的条件并将其反馈为适用情境的过程叫作价值评估过程。换句话说，行为的价值化创造了价值，它创造了其他人适用的情况。我们的行动是有价值评估的，如果我们按照价值评估的标准做了，我们就可以通过环境或与他人的联系来达到我们的目的。因此，行为的价值化与目标的实现或解决问题的能力有关。

根据价值条件对行为进行价值化使个人能够与环境建立合作关系。这包括占有、控制或归属于环境。个人和它们之间的合作关系表现为它们之间的横向联合。这样的横向联合创造了相互依存或共生，这是一种权力的结合。个体和环境的支配和归属是它们之间的等级关系。换句话说，它意味着纵向结合。权力的纵向结合取决于权力的支配属性和归属属性的发挥。所以，权力的支配属性和归属属性具有价值化的能力。

正如我们所见，人与人之间的横向或纵向结合取决于权力的支配属性与结合属性的组合，而这个组合就是行动的价值化的必要条件。因此，权力的保存、支配和归属属性是它评估行为的能力。在这些组合中，当权力的创造属性和保存属性共同起作用时，就会出现既有创新性又有正体性的结果。因此，权力 5 属性本质上是行动的价值化，当它们同时有效相互作用时，行为的价值化就被激活了。

4.2.3 权力属性与目标指向性行为

在一个人的内心，会出现诸如需求、价值观、情绪和感觉等内部因素。这些内部因素是生理的、心理的和精神的，取决于环境或内在的需要。它们诱导以目标为导向的行为，作为对目标和生存的反应。例如，饥饿时，会产生对食物的渴求，导致人进食。当一个人看到一条蛇时，他会感到恐惧，并导致逃避的行为。

认知先于行为，是人们思想、感知和解决问题的能力，并构成了权力（Luthans，1985）。如前所述，权力属性就是认知能力。每一种权力属性都是价值衡量过程的驱动力。接收信息，如感觉、经验和知识，以响应刺激或内部需求。估价过程评估这种感知信息是否与其参考框架一致。

如果权力属性所感知的信息与有机价值测量过程或社会价值测量过程的评价一致，则赋予该信息积极的价值。但是，如果权力属性感知到的信息与价值衡量过程的评价不一致，就会触发内部因素而拒绝它。因此，一个人内部形成的内在因素取决于权力属性和价值衡量过程之间的相互作用。

正如所指出的，权力 5 属性是在特定情况下实现目标或生存的能力，并创造最明智的行为。这五个权力属性与价值衡量过程的交互是在给定情况下生存的最佳方式。有选择地形成一个组合的内部因素。

4.2.4 权力属性与动机和情感

权力属性和价值衡量过程是相互作用的关系。同时，这些内在因素都与竞争与合作有关。例如，生物生存的生理需要也可能有相同或不同的心理需求。权力的结合属性就是探索内部因素，并围绕更有影响力的内部因素实现与其他内部因素的结合。

正如所指出的,当权力关系中的内部因素结合在一起时,它们的影响是相对的。通过增加因素的数量,它们优先创造行为来实现自己的意图或目标。但是,相互竞争的内部因素是当它遇到一个合作的内部因素时,它会组合起来创建一个面向目标的表达行动。

当内部因素的组合以需求为中心就产生了动机。换句话说,动机是最理性的围绕需求形成的方向导向,创造人类行为权力或能力。另一方面,内部因素是基于情感或感觉的,结合起来,就变成了一种情绪。换句话说,情绪是实现目标或生存的最佳方式,围绕情绪形成的方向以创造理性行为,它是一种定向力或能力。动机和情绪的形成机制及其来源虽然相同,但表达方式或角色有所不同。

正如迄今为止所指出的,权力 5 属性是通过同时结合内部因素,例如需求、情感或价值观分别基于情绪和欲望创造出来的。然而,权力 5 属性是否会产生动机或情感,或者动机和情感是否创造所有的情绪取决于在特定情况下目标的实现情况。换句话说,权力 5 属性在价值方面,通过与评估过程的相互作用,在给定的情况下,创造最合适的动机或情感,并诱导行动以实现目的或生存。

情绪和动机独立发生,但彼此明显趋同,这是一个心理过程。情绪可能伴随有动机的行为,它可以作为一个元素。当动机行为受挫时,正确的情绪可能会发生。因此,动机和情感是实现目标所必需的一个过程,它们不仅作用不同,而且各个过程是独立的(Crider 等,1983)。

第五章　创新系统与个人能力开发

如前所述，创新系统是创新能力三要素的相互作用。个人除了表明自己的意愿之外，权力 5 属性是有目的的，通过评估行动进行同时有效相互作用的。创新系统创造可实现性并与价值衡量过程互动，以满足需求和创造一个内部因素。比如情感，创造一个动机或情感来引发一个目的指向性行为。在这一部分，本书将介绍创新能力三要素的相互作用的形成过程及个人能力和情商的形成机制。

5.1　创新系统与个体的创新性

权力 5 属性本质上是创新性的。创新性是对独创性、新颖性、发明性、新颖性和想象力的追求，表现为创造能力。权力组合和主导属性分别是利用横向组合和自上而下的纵向组合来创造新的东西。然而，权力 5 属性并不是在自我表达这种创新能力。这是因为，虽然权力 5 属性是与生俱来的，但它们以本能或潜在属性的形式存在于个人内部。

正如所指出的，一个人的创新系统由创新性、自我实现倾向性和权力 5 属性组成。另外，自我实现倾向性深埋在一个人多重心理屏障之下，它在等待合适的条件被释放。自我实现倾向性是个体化的。当一个人的思想或行为不受权力的非理性条件支配时得到开放。因此，开启或表达自我实现倾向性的条件是它不受权力的非理性条件的束缚。

如前所述，个人创新性是创新系统的核心，在系统中起主导作用。因此，个人不受权力的非理性条件的制约时，创新系统就能先开放创新性。此时，自我实现倾向性也被激活，被激活的自我实现倾向性与权力 5 属性相结合得以开放。在这种情况下，权力 5 属性是有效的或同时发生作用的。它们每一个都展示了它们各自的创造能力。换句话说，权力 5 属性是具有创新性的。能力是在自我实现倾向性的开放条件下，一个人的创造能力的表现形式。

个人创新性分为基本的创新性和功能性创新性。基本的创新性是创新性、自我实现倾向性和权力 5 属性之间的相互作用，在此过程中形成它们各自的特性，这些特性在形成过程中起主导作用。

5.1.1 独创性创意役量

独创性创意役量是创新性和权力的创造属性相互作用形成的。独创性是创造的起源和开始（beginning），源泉（source）引出正体性的能力。例如好奇心，不断追求变化，想象力，冒险精神，受传统或习俗的束缚都是独创性创意役量的表现形式。

5.1.2 差别性创意役量

差别化的创新性是创新性和权力的保存属性相互作用形成的。差异性创意役量是个体的价值推动独特的价值观，例如价值、专业或个性，具体表现为提出洞察力、内在行为、独立或独立行为的能力和直言不讳的行为、包容的行为、歧视的行为和道德的行为。

5.1.3 共感性创意役量

共感性创意役量是创新性和权力的结合属性相互作用的结果，是通过互动形成的。共感性创意役量是相互依存的，水平地引导移情思维。例如人际关系、积极需求和共识，积极的自我形象管理、沟通、关系管理，它表现在丰富的幽默感、开放性和关怀行为上。

5.1.4 领导性创意役量

领导性创意役量是由创新性和权力的支配属性相互作用形成的。领导性创意役量是对诸如收集各种意见、领导或确立自己的社会地位等领导行为进行反对的能力，它表现在创业等行动上。

5.1.5 适应性创意役量

适应性创意役量是创新性和权力的归属属性相互作用形成的。适应性创意役量是适应环境或组织的能力。它导致适应性行为，例如追求权力、自我存在的意义和生命价值、行动灵活、容忍歧义、适应环境的能力，也表现在对组织的忠诚和应用能力的创造等行动上。

根源性创意役量是各种功能性创意役量的组合。例如，科学家工作中的领导力和原创性通过互动吸收了现有的科学原理，而且创造一个成为新科学起源的科学原理。一个人的根源性创意役量可以有效地或同时地发挥作用。它们通过互动创造各种功能性创意役量。

个人的创新系统作为一种潜在能力而存在，所以这些创意役量并没有平等地表达给每个人。自我实现倾向性的激活取决于适当的自我导向努力和个人感知的环境特征。因此，上面呈现的创新性对每个人来说都不尽相同。例如，有些人比其他人具有更多的创新性，但共感性创意役量却不如其他人活跃，这就表现出一些待人关系中低情商的言谈或行为。

5.2 个体先天和后天能力的形成与表达

5.2.1 能力的概念与形成

个人的能力也称为个人的才能。个人的能力是解决问题或实现目标的方法或手段。它关注的是自愿或自主的创造过程。正如所指出的，自主或自愿的行动取决于自我实现倾向性。实现目标或解决问题的能力是以行为的价值化为基础的。因此，一个人的能力与创新系统的开发程度有关。

行动的价值化是基于对智力过程的有意识的认识和判断，这样就形成了判断的标准，也就是价值观，在需要评价的情况下适用。因此，行为的价值化涉及一个智力过程（Dewey，1939）。人类的智力过程依赖于学习模式。学习模式被记住一种抽象的知识结构，允许人们获取有关给定对象的信息，并进行组织和解释。学习图式是个人获得的经验，与基于知识的智力过程有关。因此，个人能力发展是由创新系统的知识和经验与学习图式的相互作用形成的。

个人能力的发展是创新系统的知识和经验与学习图式之间的相互作用。它是由行动形成的。个人经验和知识创建了学习图式。

5.2.2 情商的概念与形成

在我们的日常生活中，我们自觉或不自觉地控制着自己的情绪。情绪旨在通过表达来实现目标或解决问题。例如，即使在生气的时候，个人也能容忍自己的愤怒，并以耐心的方式理性地应对这种情况。当快乐或喜悦溢出时，就会有过度的快乐。有时，个体可以尽量体谅他人，但不表达自我的喜悦。因此，控制和克制表达是目标的实现或一种解决问题的手段。

然而，并不是每个人都能有效地调节自己的情绪，因为个体不是通过以某种方式表达目标来实现目标或解决问题的。过度的情绪表达可能会使事情出错。情绪核心在心理方面是平静，情绪比分心的事件更常见，它是一种定量的反应，与解决生活和问题的反应过程密切相关。例如，情绪的表达充当信号或它充当准备的姿势。情绪表达传达了关于另一个人会发生什么的信息。情绪表达会影响生存的概率（Lazarus，1991）。

情商是有效调节情绪的能力，能够以有限的方式表达自己以实现目标或解决问题。换句话说，情商是基于情绪来实现目标或解决问题的，这意味着一种能力。高情商的人能够识别自己的情绪并通过同理心正确控制和识别他人情绪。个人可以放松身心，有效管理人际关系，轻松摆脱负面情绪，情商具有个体差异并经历一个发展过程。

如前所述，情绪是权力属性与价值衡量过程的相互作用。然而，情绪诱发的行为并不一定会成为解决问题的方法或手段，行为的价值化才是必须的。

我们将情绪引起的行为价值化称为情绪价值化。行为价值化包括行为的智力过程，而智力过程取决于学习模式。因此，情绪过程包括情感形成的过程（权力属性和价值测量过程）和它所依赖的学习模式的相互作用。

5.2.3　基本情商和功能性情商

情绪是情商形成过程中的主导权力。挑战能力、自我管理能力、关系管理能力、社会管理能力和环境适应能力，这就是所谓的基本情商。基本情商被认为是主导情商形成过程的权力属性。

（1）挑战能力

挑战能力是权力的创造属性与价值衡量过程的相互作用，形成于权力的创造属性，是独创性、冒险精神和新颖性及追求想象力和想象力的能力。

挑战能力是创新性地承担风险，实现新飞跃的能力。它是前进的天赋或能力，为创业提供了基础。挑战权力的能力使他们意识到自己的情绪、能力、局限性、价值观和目的。具有高管理技能的个人对自己诚实，并自己做决定。

(2) 自我管理能力

自我管理能力是权力的保存属性与价值衡量过程的相互作用。权力的保存属性是对内在价值追求的能力。

自我管理能力是将情绪视为控制自己情绪的能力。如果不能正确处理和改变情绪的能力，自我控制权力低下的人容易冲动、麻木不仁、身体虚弱且有风险。他们目光短浅，并通过行动而不是言语来表达自己。但自制力强的人，会延迟对快乐的追求而考虑长远的利益，理智行事，用语言而不是行动来表达自己，他们往往对他人的痛苦和理解更为敏感。

(3) 关系管理能力

关系管理能力是权力结合属性与价值衡量过程的交互作用。权力的结合属性是追求人与人之间的平等结合的能力。因此，关系管理能力会诱发关系动机并培养同理心。它形成和调节一个人的情绪以创造自我控制。权力大的人会推迟对快乐的追求，想着长远的收获，用语言而不是行动来表达自己，并且对他人的痛苦和理解很敏感。此外，关系管理能力是有效维持与他人关系的能力，也是指控制他人情绪的能力。

(4) 社会管理能力

社会管理能力是权力的支配属性与价值衡量过程的相互作用。权力的支配属性是指挥或控制他人的能力。因此，社会管理能力就是控制他人情绪的能力。它是感知、巧妙地识别他人情绪反应的能力，以及包括以同理心回应的能力。

社会管理能力是领导者领导力的重要因素。特定时刻通过同情人们的感受，领导者可以说和做适合他们的事情，减轻恐惧、减轻愤怒，促进心情愉快的参与。

(5) 环境适应能力

环境适应能力归因于价值测量过程的性能和相互使用。归属于更大权力的权力的归属属性是伴随或从属于它的。因此，环境适应能力取决于一个人所属的组织。适应群体作为利益代理人将自己的感受归因于他人的情绪。它是维持人际关系的天资或能力。

五种基本情商相结合，创造出各种功能性情商。例如，通过挑战能力培养创新性和冒险技能和社会管理能力结合为领导力，创造创业能力。以自我管理能力与环境适应能力服务的人际关系创造出了服务和奉献的能力。

权力5属性是个人本能的一种形式，是一种固有的归属。这些权力属性是基于自我实现倾向性的，能够实现同时有效相互作用。因此，权力属性所固有的潜在情商和功能情商在权力属性被激活时表现出来，并发挥它们的作用。

情感成熟的人类行为会努力实现自我，有幽默感，不违反良好的道德生活和社会规范。他们有一个目标，并尽最大努力实现它（Mouly，1967）。因此，为了使个人以有效的方式朝着自我实现前进，对自我情商的开发是必不可少的。

第二部 创新能力开发原理

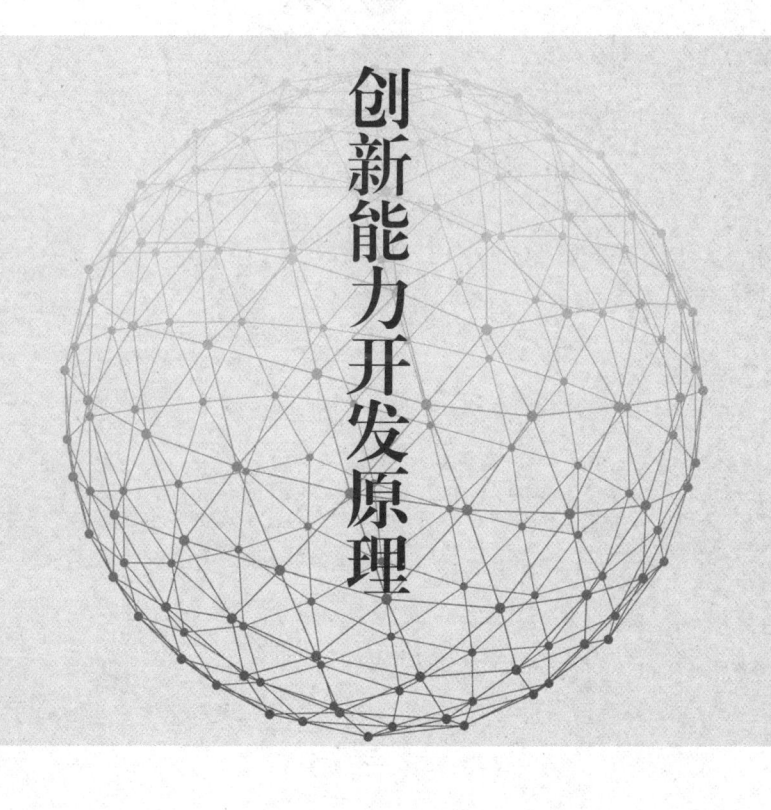

第二部 创新能力开发原理

第六章 权力5属性与Power Process

6.1 权力5属性和人类行为

6.1.1 权力的创造属性创出新的结合

当权力5属性在一个人身上同时有效地发挥作用时，这个人就具有完全机能能力。因此，将权力5属性的作用模式称为人类成功的核心因素的说法一点也不为过。研究结果表明，当权力5属性在一个小学生身上实现同时有效地相互作用时，该生的学习成绩和社会成就会提高，并能够实现完全机能能力。

甜品很好吃，但是每天都吃的话会很烦。我们需要新的事物。人创造新的东西的行为被称为创造。但自然界的变化不叫创造。连翘花开花并不被描述为创造出了新的花朵。创造并不是偶然找到了新的东西，而是要靠人类意志的发挥才能实现。

就像我们在学校吃饭是一样的，学生食堂的饭菜虽然每天都不一样，但每次都感到不好吃，吃腻了。其实不仅是食物的原因，连吃东西的地方太熟悉了，也会令人感到厌烦。由此可以看出，人类是需要不断寻求新环境的。

人的内心潜藏着创造属性。创造属性意味着追求独创的东西、新事物、珍奇事物和想象力的权力与能力。创造属性使人追求新事物。例如，画家们按照自己的创造属性绘画，技术人员也据此开发新的技术。创造属性往往意味着创造出新的结合。

发挥好创造属性有助于成功。每个人都有创造属性，所以在开始新的挑战之前就没有必要顾虑太多，应该充满自信。

每个人身上都蕴藏着创造属性。人总是喜欢追求新的东西，这就是创造属性发挥作用的结果。创造是一种生存方式。很多学者或企业家发表或找到了新的东西。成功的企业都是开发出了更多新产品或新技术的公司。开发出新技术或新的事物的做法就意味着成功。因此，创造属性就意味着创造新生事物并且成功。

很多企业拥有的技术能力在世界上得到认可。在这些技术中，有一部分是新创造的东西，但也有一部分是对现有技术的发展。在一个企业里，充分发挥创造属性的人越多，就越能够更加容易地实现新技术的开发。

自然的变化不能被称为创造。一般的说法都是，自然是变化或进化的。但是，以人类的意志为依据创造出新事物的过程才被称为创造。即创造是要通过努力得来的，是意志的产物。很多实现了创造的企业获得了成功。当知识与创造属性相结合时，创造就得以实现了。

对于创造来说，有成功的事例，也有不成功的情况。那么成功的创造是什么呢？李庆焕认为，依据 Power Process 进行的创造就是可以获得成功的创造。因为，Power Process 就是创造的 process。

6.1.2 保存属性产生正体性

权力的另一个属性是保存属性。保存属性是追求固有价值或认同感的权力能力。学校院子里有许多草坪，但没有一块是相同的。我们的头发也没有一模一样的。海边有许多沙子，但没有哪两粒沙子是完全一样的。全世界有许多人，却也没有两个完全一样的人。非洲斑马的斑纹没有完全一样的。每个人都有其独特的指纹和DNA。为什么会这样呢？因为这就是生存的法则。一模一样就意味着无法生存，这就是万物依赖于保存属性而遵守的生存之道。

从人类的情况来看，保存属性会产生正体性。每个人都有自己的固有特性，思想、感情和人格，这些意味着他们的正体性。如果丧失了正体性，就会产生灾难性错误，出现错觉、心理恐惧状态等异常状态。保存属性使人追求与众不同。彼此不同是非常重要的。正是因为这样的保存属性人类才产生了生存的欲望。

人们希望自己与别人不同。日常生活中，我们每个人穿的衣服和背的包包都是各不一样的。虽然偶尔也会有同样的衣服和包包，但绝大多数情况下，大家都喜欢选择有个性的日用品和服装，以证明自己是自己。

保存属性创造出了多样性和专业性，就此形成了分工和差别化。10年前的职业数量要比现在多，后来由于实现了多样化和专业化，于是就形成了分工社会。这就是保存属性在起作用。民族的就是世界的，这句话说的就是保存属性。

地球上共同生活的人之间没有排名。因为每个人都有自己的固有的正体性，失去正体性就会失去一切。我们的入学、就职等是依照成绩排名录取的，个人在这个多样性的社会中是没有排名的，这就是生存的法则。

大学之所以存在排名是因为大学的学问没有正体性。因为学问没有正体性，只能以高考分数为依据对大学进行排名。如果大学开发出自己固有的理论，学生们就能够以正体性为基础选择大学的学科了。那样的话，学生们身上的权力5属性得以发挥作用，自己的领域也会得到长足的发展。希望每个人在自己的领域中都能做到最好，这正体现了保存属性的重要性。

6.1.3 结合属性是权力成长的动力

结合属性是产生权力结合的能力。结合属性使人们产生共鸣，并形成结合。权力结合是以权力要素为基础进行的。例如夫妻是以爱为名结合的，爱情就是他们的权力要素。每个人都想和朋友或同事们相遇、交往，一起分享自己的生活，这就是结合属性在一个人身上的体现。

权力结合是成长的手段，它创造了组织。因为个人的能力是有限的，因此需要通过与他人结合来实现成长。例如，企业家为了强化其经济权力，通过技术和劳动力的结合建立了企业。社会主体的结合包括了联合、合并和战略性合作等多种类型。由此可见，结合属性是形成社会共同体所必需的。同时，结合属性得到激发的人都会表现出一定的社交行为。

结合可以达到目的，其前提是权力主体的正体性。彼此需要的人相互结合且不离不弃。相互需要的人们都必须各自具有其正体性才能相互帮助。比起相爱的关系，互相需要的关系更不容易断绝。保存属性的存在产生了正体性，刺激了结合属性的生成。

最近年轻人结婚的年龄越来越晚，甚至有了不结婚的趋势，为什么会这样呢？由前面的论述可知，结婚还是必要的。因为，权力结合是力量成长或创造新力量的手段。所以，婚姻是促进人成长的重要因素。

6.1.4 支配与归属属性产生领导力

支配属性关系到收集大家的意见，从而导出一个意见的能力。要想支配很多人，就要听取他们的意见。优秀的领导者都是那些擅长收集他人意见的人。同时，他们还应该善于听取追随者的需要或意见。善于倾听和考虑他人需求的人才会成为领导。因此，支配属性会产生领导能力。一个人善于集中听取别人的意见，并据此支配他人的行为就能生存。因此，支配属性揭示了生存的方向。

第二部　创新能力开发原理

最近服务型领导力受到了广泛的关注。这种类型的领导力不是支配别人，而是引导他人的意见和行为的能力。真正的领导是具有创造出满足他人欲望和价值能力的个人，因为领导力是领导别人的权力。

归属属性会让人感受到人生的意义。在自己人生中最幸福的是什么时候？那一定是完全归属于父母的时候。只有归属于比自身更强大的力量之中才会感觉到幸福。大学生归属于国家和大学。没有归属感的人生是疲惫的。当一个人归属于家庭，并找到永远的归属对象之后，他才找到了真正的幸福。很多人想当然地以为自己不想归属于任何人，而是想成为支配别人的领导。但真正的幸福是找到永远的归属对象。

归属属性使人感受到生而为人的意义。归属于比个人更有力、更积极的团体的做法是一种优秀的生存方式。小企业归属于大企业的情况，就是小企业依靠大企业得以生存。归属属性就是归属于更大权力并得以生存的能力。权力的归属属性是一种生存战略。

人们其实一直以来并不清楚支配及归属属性的内涵，只一味地想要支配他人。

归属属性能够将归属机关的力量视同自己所拥有的一样。即使是同样的公务员，在政府办公的人和在街道事务所办公的人也会感觉到权力力量的不同。很多大学毕业生之所以都想去大企业工作，是因为他们强烈地感受到了大企业的力量。相反地，他们也会感觉到中小企业力量的相对薄弱。要想成功就要善于归属，就要找到势力大的权力并归属于它。

6.1.5　权力5属性是竞争与合作的关系

权力5属性同时有效地发挥作用时，将进一步转化形成完全机能能力。那么，让我们想想权力5属性之间是什么关系呢？它们之间是竞争与合作的关系。因此，当它们同时有效地作用于组织成员时，就会产生竞争与合作的秩序。竞争与合作的秩序是生存的本质秩序，因为它能诱发人类的完全机能能力。

例如，看看创造属性和保存属性的关系。创造属性追求新事物，保存属性创出正体性并保留它。有机体想把自己的DNA传给后代就体现了保存属性。因此，创造属性和保存属性之间存在竞争关系。竞争是矛盾－调解－顺化或合作的过程。因此，保守和进步最终仍将是合作的关系。

人的生存观念和欲望都是与保存属性有关的。因此，在权力5属性中，保存属性的作用是相对较强的。一个人见到了蛇要赶快逃跑才能活下来，保存属性让人更加关注自己的生存。

保存属性会产生正体性。因此，保存属性会诱发专业化和多样性，形成分工社会。农民专注于农业，渔夫专注于渔业。但农夫并不只吃粮食活着，有时也要吃鱼；渔民也不能光靠吃鱼摄取营养，有时也要吃谷物。所以才产生了农夫的庄稼和渔夫的鱼之间的相互交换。这种交换就是权力结合的一种形式。农夫与渔夫的结合是具有自律性的结合。农夫和渔夫靠交换谷物和鱼得以生存。随着保存属性专业性的提高，合作就自然而然地产生了。就像蜜蜂和蝴蝶，社会需要更多像这样的自我主导性的结合。

男人和女人成长并结合在一起。有男人味的男人和有女人味的女人的结合被认为是好的婚姻。男人要像男人一样，女人要有女人味就是保存属性的表现。男人味和女人味又促进了男人和女人的结合，男性和女性的婚姻是保存属性和结合属性共同的产物。因此，保存属性和结合属性间存在着合作关系。也就是说，保存属性创出了正体性，而正体性则刺激了结合属性的产生引发合作。

支配属性和归属属性的关系就像手心和手背。创造出较大权力的社会主体统治了创造出较小权力的社会主体。即创造出较小权力的社会主体归属于创造出较大权力的社会主体而得以生存。例如，组织支配着组织成员，而组织成员则归属于组织。学生归属学校，学校支配学生。国家支配人民，人民归属于国家。这些支配与归属的关系是根据支配属性和归属属性产生的。

结合属性将社会成员结合了起来。结合属性诱发横向结合。横向结合是结合主体之间对等的结合。但是支配属性和归属属性诱发纵向结合。纵向结合是结合主体之间的具有等级性的结合。横向结合和纵向结合之间具有竞争关系。横向结合创出了横向的秩序，纵向结合创出了具有等级性或垂直的秩序。伦理是一种垂直的秩序，可以被认为是权力的纵向结合的产物。道德体现了水平秩序，是权力横向结合的产物。当垂直秩序和水平秩序达到动态平衡时，社会将走向和谐。

权力5属性是先天性存在的，它们同时有效地产生作用时，就会引发完全机能能力。另外，权力5属性具有竞争和合作的关系，因此人们之间的竞争和合作意味着人类的本质秩序。也就是说，如果没有竞争和合作，那么人类和人类所创造的社会是无法实现成长和发展的。

6.1.6 权力5属性创出自生性社会共同体

权力5属性之间存在着竞争和合作的关系。因此，它们之间同时有效地发生作用就意味着竞争和合作秩序的形成。例如，组织成员之间的权力5属性的这种作用，促进了他们之间的竞争和合作。另外，当社会成员之间的权力5属性同时有效地发生作用时，他们之间就会产生竞争和合作。权力5属性之间是竞争和合作的关系，因此，包括人在内的万物都应追求形成竞争与合作的秩序。

经济学者们曾经说过，经济发展的核心是经济活动主体之间的竞争与合作。例如，政府、企业、消费者、投资者、工人等经济主体之间的竞争和合作，共同形成了国家经济的发展。经营者们则认为，如果组织成员之间形成竞争与合作的关系，就能够促成组织的成长和发展。学生之间形成竞争与合作的关系，能够提高学生的成绩和人品。因此，竞争与合作是社会发展的本质秩序，我们将这种秩序称为 Concordance Process。

Concordance Process 对于组织、社会共同体和自然生态界而言，能够产生自生性生存能力。例如，由多种个体构成的自然生态界就具有自生性生存能力。有些植物在雨季把大量的水储存在自己的体内，并在枯水季节通过把水排出体外，实现其他植物的生存。有些植物喜欢潮湿，有些植物喜欢干燥。有些植物喜欢向阳的地方，有些植物喜欢阴凉。但是，各植物之间为了确保生存领域而展开着竞争。因此，自然生态界通过竞争与合作，即通过 Concordance Process 来打造自生性生态系统。在由多种社会主体构成的共同体中，如果他们之间存在 Concordance Process，这种共同体就和自然生态界一样具有自生性生存能力。

Concordance Process 通过权力 5 属性最终将社会引向成长。成功的人类生存方式就是人类内在的权力 5 属性，能够诱发 Concordance Process 就意味着成功。

6.1.7 权力5属性能够实现目标

一旦了解了本质，就能够对现象进行预测和控制。成功的人就是那些实现了自身目标的人，并不是挣很多钱或者出人头地才叫成功。权力 5 属性不仅能创造出目标指向性行为，还可以通过完全机能能力来实现目标指向性行为。成功就是实现了自身目标的人生。

权力 5 属性使人类行为具有了目标指向性。保存属性产生正体性，让自己做得像自己的样子，并诱发差别化竞争。波特的差别化竞争理论就出自保存属性。成本优势竞争理论则来自创造属性。所以，权力 5 属性造就了竞争战略。人类从出生开始就通过权力 5 属性创造着自己的生活方式。权力 5 属性在人类内部以本能的形态或潜在归属的形式存在着。

适时发挥权力 5 属性的作用是十分重要的。而且，权力 5 属性能否实现活性化是与社会环境息息相关的。手指和权力 5 属性都是质数，质数只能被 1 和自己整除。没有任何一种花具有 6 个花瓣，连 8 个的也没有。自然界蕴藏着质数的法则。如果大家在学习知识的时候，将权力 5 属性全部激活，就可以实现完全的学习。

为了实现竞争和合作，权力5属性必须同时有效地发挥作用。是什么使得人类的这些内在属性同时有效地发挥作用呢？回答就是权力的非合理性条件。也就是说，当人们摆脱了非合理性条件的束缚时，生命力即自我实现倾向性就能得以实现。做学问的人要将学问付诸行为。我决定学习使权力5属性得以同时有效发挥作用的方法，并将其应用于生活的实践。

6.2　自我净化和权力5属性的激活

6.2.1　生命力诱发完全机能能力

认知是了解环境并就此做出反应的智力过程。权力5属性具有认知能力。对人类起作用的权力5属性，根据情况的不同，有时同时有效地发挥作用，有时则只有特定的某一个权力属性发挥作用。但由于权力5属性是以认知能力为基础，所以，无论在任何情况下都是实现目标或生存的最佳手段。

权力5属性同时有效地发挥作用是具有自我实现倾向性的，即生命力使它们得以活性化。在这种情况下，权力5属性是以特定的某一种权力属性为中心，结合其他权力属性，同时有效发挥作用的。具体是以哪一种权力属性为中心而进行结合的，就要以特定的情况为依据了。例如，竞争是以创造性属性为中心的，欲望满足则以结合属性为中心，并将其他属性进行结合。权力5属性同时有效地发挥作用会诱发完全机能能力。完全机能能力就是开发自己所有的潜能，实现自己想要做的事情。

当外部刺激激活权力5属性时，它们会发挥选择性的作用。这种情况下，对外部刺激最敏感的权力属性被激活。因为外部刺激通常会诱发权力的非合理性条件。例如，强制或压迫性的权力在外部产生刺激时，只有归属属性起作用，其他四个权力属性则无法被激活。外部刺激往往会诱发不完全机能能力。

那么，摆脱权力的非合理性条件的方法是什么？

阳光是由多个波长不同的光共同构成的，每种光都在发挥着其固有的作用，并且这些作用是对等的。另外，当条件不同时，阳光中的特定波长的一种光线会发挥优先作用。权力5属性就像不同波长的光线一样。它们之间的作用是对等的，即使在它们同时有效地发挥作用时，其作用也依然对等，只不过随着特定条件的变化，某些的权力属性会优先发挥作用。

由此可以认为，如果权力5属性对人类产生作用与多种波长的阳光产生作用的模式相同的话，人类行为的原理就应该与宇宙或自然的法则相同。

完全机能能力是开发自我潜能，并尽最大努力谋求发展。生命力是权力5属性同时有效地发挥作用，并创出完整机能能力的源泉。这样的生命力，只能在权力摆脱了非合理性条件的束缚时，才能得以实现。

6.2.2　权力的非合理性条件阻碍权力5属性的活性化

人类身上先天具有权力5属性，当它们之间同时有效地发挥作用时，就会创出竞争与合作的秩序，促进人类社会发展。那么，既然每个人身上都存在着权力5属性，那为什么在有的人身上，它们就能实现同时有效地发挥作用，而其他人则不行呢？

是的。有的人发挥了5属性间同时有效的作用，过上了成功的人生，而有的人则相反。如果每个人身上都具有权力5属性，那不是应该每个人都得到成功吗？实际上，组织、国家和社会发展的动力都是由其成员之间竞争与合作的秩序产生的。那么又是什么刺激了权力5属性，并使它们发挥了同时有效的相互作用呢？

如果两个人以相同的速度跑步，那么，迟出发的人绝赶不上先走的人。

但是现实并非如此。出发晚的人赶超，先出发的人也可能落后。这种差异的出现，不仅仅是由于个人的身体能力，也是权力5属性的结果。

热力学理论中，所有的自然现象都存在由有序向无序发展的熵增加现象。在人类社会也是一样，权力的非合理性条件的增加也是从有序向无序发展的，这种现象我们是不可避免的。生命力即自我实现倾向性只有在摆脱权力的非合理性条件支配的条件下才能被激活。在这种情况下，创新性首先得到发挥，它能够激活人性5役量，活性化的人性5役量又可以激活权力5属性。因此，想要权力5属性同时有效地发挥作用，就需要持续地消除权力的非合理性条件。

6.2.3　抛弃那些违背规律的行为或想法

权力的非合理性条件，第一条就是人的思想或行为不以合理性为标准，而是依赖于情感或从众心理等违背规律的行为。人的生活是具有目标指向性的，而最终的目标是自身的生存。合理性的概念有理性、妥当的意思，但是不仅人的理性是各不相同的，而且每个人对于妥当的认知标准也不尽相同。因此，合理性又常常被解释为具有目标指向性。

那些过分沉迷于足球并表现出暴力行为的人被称为"足球流氓"。足球流氓的行为就不以合理性为依据。据说，这些人的过分行为已经成为社会的一大问题。这就是出于感情而做出的行为，属于非合理性条件的范畴。

当人的行为符合其目标时，这种行为就是具有合理性的。因此，具有目的指向性的行为就是合理的。例如，一个学生想在某学期取得好成绩，那么这个学期该学生的行为中，那些不能为取得好成绩做出贡献的行为，就是非合理性行为。追求积极目的的行为，最终会形成相生与合作。学生们大多都在为了取得好成绩而努力。所以学生们才会选择认真听讲这种合理性的行为。

我们有时候会发火，有时候会在烦躁和担心中做出决定。但是回想起来，这种在愤懑和忧心忡忡中做出的决定往往会产生负面后果，并导致后悔。因此，我们在做决策时，应该恢复平常心，只以目的为依据做出正确的决策。这种意志决定过程也可以促进权力5属性作用的发挥。

6.2.4 在行为上做到表里如一

第二个权力的非合理性条件是社会主体的内心欲望和外部表现的欲望不相一致。我们从小就被父母或老师教导要做一个善良、诚实的人。因为一个谎言会制造出一连串其他的谎言，歪曲事实并将我们引向歧途。善良的行为都是起源于善良的内心。心术不正的人很难做出善意的行为。因此，在表里如一的情况下，更容易实现积极的结果。

当一个人撒谎时，良心会告诉他自己在撒谎。受到良心的谴责的人为了隐藏内心的胆怯，会进而编造出新的谎言来。当这种谎言蔓延时，社会会充满否定和腐败的氛围，从而阻碍社会的发展。有句话叫说一个谎话要用一百个谎话去圆。一旦有一次发生了表里不一的情况，就会为了维持所表现出来的行为，继续说更多的谎言。因此，不断累积的谎言是很难纠正的。

违背良心的行为是无法实现权力5属性同时有效发挥作用的。在人类内心，权力5属性同时有效地发挥作用是成功的原动力。如果权力5属性无法正常发挥作用的话，那么人就很难实现成功。因此，为了实现个人的成功，也应该做到表里如一。因此，人类天生就具备了良心，并以此作为审视自己的镜子，督促自身的发展与成功。

6.2.5 收敛自己的欲望

权力的第三个非合理性条件是社会主体的需求不同但势力对等的情况。大家小时候都听过一则寓言。力气一样大的白山羊和黑山羊在独木桥上相遇了。两只羊都只想朝着自己要走的方向前进，并没有让步的意思。力量对等的两只山羊在独木桥上前进的方向又是相反，结果两只山羊都没能过桥，掉进了水里。如果其中一只山羊做出让步的话，故事的结果就会完全不同。当然，让步的山羊会比没有让步的山羊晚一些通过桥。人生的目的并不是比别人更快地达成目标，而是达成目标并与他人和平相处。

当两种力量大小相同，方向相反，从而产生对立和矛盾时，变化将无法发生。发展源于变化。社会上处处存在着对立。如果矛盾达到最高潮，既没有胜利者，也没有失败者。相反，在这样的矛盾中，如果优先考虑和谐与合作，那么所有人都会成为胜利者。

孩子们之间即使产生了矛盾，也很容易和解，并且很快忘记矛盾，开心地一起玩耍。孩子们都会很容易地将矛盾转变为合作。为了实现权力5属性同时有效发挥作用，我们必须回归儿童的心态。在儿童的心中，权力5属性能够实现同时有效的作用，因此，孩子比大人更具备好奇，行为也更加活泼灵活。这都是因为儿童能够比成人更有效地发挥权力5属性同时有效的相互作用。

人们常说孩子们学习东西比成年人要快。实际上，稍微大一点的孩子就能够比较容易地模仿大人的行为。然而，随着年龄的增长，疑心也越来越多，有时会按照自己的方式解释一些行为，加深了与对方之间的误会。甚至有时这样的误会还会引起对立和争吵。

6.2.6　不要消解自己的欲望

权力的最后一个非合理性条件是权力主体转换能量因逆功能权力的影响而消散的情况。举例来说，爸爸希望女儿成为一名钢琴家。于是告诉女儿，如果不学钢琴的话，就不会对女儿的学习给予充分的支持。然而，女儿对钢琴并不感兴趣，却梦想着成为一名运动员。在这种情况下，如果父亲坚持强迫女儿成为钢琴家的话，女儿身上的才能就无法得到发挥。因为做了不适合自己的工作，所以权力5属性的相互作用无法得到有效地发挥，这样的情况也非常常见。

罗杰斯认为能够实现完全机能的人会走向自我实现。自我实现是指完全开发了自己的潜能，并将其应用于自己的工作中。也就是说，完全机能是自我实现的条件。为了发挥完全机能，必须受到无条件肯定性尊重。无条件肯定性尊重只有在被当作具有完全人格的个体去待遇，并接受到无条件的爱的情况下才能实现。比如前面那个例子，女儿从父亲那里得到的不是无条件肯定性尊重，而是有条件的尊重。因为爸爸说只有在女儿学习钢琴的条件下，才能够对女儿给予帮助。

现在很多家长都喜欢送青少年去上辅导班，孩子们在辅导班的时间非常多。实际上，出于自己意愿去上辅导班的学生并不多。但是很多学生觉得，如果不去辅导班的话，会在某一方面落后于别人，所以都争着去好的辅导班。能够在孩子自己喜欢的领域提供学习的环境和条件的家庭就是一个有爱和幸福的家庭，并能够帮助孩子获得成功。

6.2.7 构建自我净化系统

如前所述，要实现权力5属性同时有效的相互作用，就应该摆脱非合理性条件的束缚。在权力的四个非合理性条件中的任意一条支配了个人行为时，其内在的权力5属性就无法做到同时有效地发挥作用。在这种情况下，社会竞争与合作的秩序不复存在，发展也就无从谈起了。为了组织或社会通过竞争与合作能够实现持续的发展和成长，我们需要学习自我净化系统的相关内容来消除非合理性条件的不良影响。非合理性条件会阻碍权力5属性同时有效地发挥作用，只要排除非合理性条件的影响，社会就能走向相生与合作。这一切都是以自我净化系统为依据的。

自然界中存在着自我净化系统。水从海上涌出，在空气中蒸发，再回归为纯净的水，成为我们可以饮用的生命之水。空气在臭氧层发生净化，因此我们可以呼吸到干净的空气。像这样，自然界具有自我净化功能，这会减少它们的熵增加效应。良心意识就是人类自身的净化装置。这种良心使人类向善的方向发展。就像人类身体的肾脏一样，通过过滤我们身体的杂质并将其排出体外，从而形成身体的生存秩序。生存就意味着不断循环，不只是人类，万物都是这样的。为了在人类社会中实现竞争与合作，我们迫切需要了解自然界的净化系统。

持续地消除权力非合理性条件的影响是很有必要的。一个人会每天持续只想积极正面的事情吗？当然不会，有时人也会产生一些不好的想法。如果不及时反省，人们会是非都分不清楚。人心有净化作用。一切生物都具有自我净化功能。

建立组织的同时，一定要建立起自我净化功能。这是一种自我主导性净化功能。我们组织要消除熵增加效应。熵增加效应增强的话，会妨碍权力5属性的激活。孩子好奇心很强，动作也快。为什么呢？年龄越大行为越迟缓。这与权力5属性有关。权力5属性的相互作用越活跃，思维和行为就会变越快，因为这种情况下意味着权力摆脱了非合理性条件的束缚。要除去我们心中那些不必要的糟粕，就要不断地进行反省和悔改。这也就是为什么很多时候宗教可以起到一定的净化功能。

个人必须持续性地消除权力非合理性条件的影响。"持续性"这个词非常重要。没有自我净化，万物将继续被污染。熵增加就是这种由有序状态走向无序的过程。因此，我们必须通过净化作用，将无序状态转化为有序。而且，净化作用的持续进行也非常重要。持续地清除权力的非合理性条件的影响，能够净化我们的社会，并创造出完全机能的社会。在完全机能的社会中，所有社会成员都能有效开发自己的潜能，并努力做到自我实现。如果人类建立的组织没有了自我净化功能，组织就会变得无序，Concordance Process受到阻碍，无法实现发展。所以，为了实现竞争与合作的秩序，我们每个人都有必要深入了解一下阻碍社会发展的权力的非合理性条件。

当权力的非合理性条件被排除之后，社会中的权力 5 属性就可以实现同时有效的相互作用，从而成长和发展。同理，一个人的成功也必须经过这样的过程。

6.2.8 成就行为可以消除权力非合理性条件的影响

成就行为是满足了合理性、连贯性、积极性和自律性的行为。当我们在日常生活中不断谋求成就行为时，就能够消除权力非合理性条件的影响，激活权力 5 属性。因此，成就行为本身具有自我净化能力。

行为的合理性与效率最大化同预期目标的达成及行为的组织化有关。即合理的行为是符合预期目的的行为。例如，学生到学校是去学习的，没有专心听讲的学生就是不合理的。我们常说理性的行为就是合理的。但是，小学生的理性和大学生的理性是有差别的。因此，以个人的理性为基准去判断行为的合理性与否的做法也是值得商榷的。行为的合理性应该根据行为实现预期目标的程度来进行测定。

行为的一贯性与行为的和谐和契合有关。例如，一个人过去的行为和现在的行为相符合或协调时，这个人的行为就具有一贯性。一贯性高的行为可以预测，可靠性强。个人行为的一贯性越强，其信念、感情、行为意图或态度等个人的内在倾向与外部表现的一致程度就越高。

行为的积极性程度与满足更多人的欲望和价值的程度有关。也就是说，满足了更多人欲望和价值的行为是积极的。行为的积极性能够促进其价值化，诱发人们之间的结合，相互实现彼此的目标。个人似乎一直是在以自我为中心地进行着思考和行为。说起来也没什么错，我、自己当然是以自己为中心。但这种想法和行为对我自身权力 5 属性的活性化是没有帮助的。

行为的自律性与自发性行为的程度有关。自发性行为比意图性行为进步更快。例如，自律的学习比他律的学习效果更好。自律性的运动能够增强自由意志。因为，自由意志是由外部赋予的力量和独立的个人内在标准决定的。自由意志能够激活行为的自律性，自律性行为经常会在确立自身地位的过程中被发现。一个人想要做成什么事情的话，就必须先让自己去做那些自律性的行为。

自我实现倾向性，即生命力，能够实现权力5属性同时有效的相互作用。这种自我实现倾向性能够诱发自我实现的内在动机，实现自我组织化，并不断地引导自我实现指向性行为的产生。自我实现倾向性与满足行为的合理性、连贯性、积极性和自律性有关。因此，当我们在日常生活中学习如何成就行为的意义和价值时，就一定要考虑激发自我实现倾向性，并创造出权力5属性同时有效产生作用的过程。即成就行为可以消除权力的非合理性条件。学习是行为的永久性变化。学习成就行为的意义和价值就是满足自我行为的合理性、连贯性、积极性和自律性。

6.3 价值化和Power Process

6.3.1 竞争与合作就是创造的过程

权力5属性同时有效地发挥作用可以形成竞争与合作的秩序。那么，竞争与合作又意味着什么呢？竞争是一种尝试错误的进化性、创造性的过程，在这一过程中人们习得知识，并将知识传递给别人。竞争是一个发现的过程，并在此过程中发挥作用。竞争能够促进创造性的活动。熊彼特认为竞争是创造性破坏的过程，在此过程中，那些发明了新产品或新生产技术的创造性企业家诱发了创新。因此，竞争是目标指向性的，创造出具有创新性的想法。

竞争是一种创造性的过程。三星和LG如何竞争？现代和丰田如何竞争？它们的竞争表现为技术竞争、新产品竞争、价格竞争、品质竞争等形式。技术、新产品、价格、质量等竞争因素，本质上是顾客选择产品或服务的标准。价值是选择的标准，是被选择者想要实现的目标。因此，竞争本质上讲是一个创造价值的创造性的过程。

今天的国家与国家之间，企业与企业之间都在进行着经济战争。那么战争是什么呢？战争简单地讲，就是决定你死还是我活的手段。但是，竞争就像前面所讲的一样，是一个创造价值的过程。在人类社会中，战争将人类推向死亡，但竞争成为推动人类社会发展的动力。如果我们进行经济战争，这种战争会把我们拖垮。战争是断绝关系，但竞争是建立关系。在奥运会比赛中，选手之间的竞争就是一个矛盾－调解－和谐－合作的进程。在价格竞争、恶性竞争中，人们常常将竞争等同于战争。但其实竞争是创造价值的源泉，必须要实现竞争才能创造价值。

Kreitner 等（2004）认为，合作是将个体的努力系统地结合在一起，达到集体性目标。从历史上看，许多创新性成果都是通过合作实现的。当不同的想法、知识和洞察力以新的方式结合时，就会产生创新性成果。随着人们之间合作的机会不断增多，革新和创新性的进程也会不断地被诱发出来。因此，竞争与合作诱发相生与合作。

成为具有创造性的人是生存的手段。知识多并不意味着具有创造性。那么，如何创造呢？许多学者对创造的概念下过定义。Whitehead（1929）认为创造性并不意味着获得积极评价的活动，而意味着新事物的出现。新事物的持续出现体现在实体的本质上，创造性是将相互分离的东西纳入一个复合的统一体，这是创造的终极原理。从分离到结合的这种进展是形而上学的原理，形成了与过去相互分立的实体，完全不同的新实体。

创造性并不是获得积极评价的活动，这意味着创造并不总是积极的。如果创造总能获得积极的结果，那么创造就意味着成功了。从现实中也可以看到，有些企业即使开发出了新产品或新技术也还是走向失败了。有些国家也一样，引进了新的经济制度，这个制度可能使国家经济获得成功，也可能导致失败。因此，我们必须为组织或社会的发展实现具有积极作用的创造。

积极性的创造是什么呢？创造是创出新价值，价值是选择的标准，是被选择者的目标。因此，积极性的创造并不是我的选择标准，而是让对方，也就是环境的选择标准得到满足。价值创出目标。因此，我们必须重视对方的目标，即环境的目标，并以此为目标进行创造。价值化是在创出价值的同时，创出与环境相适应的状况。这样的创造是成功的，也是积极的创造。

价值是选择的标准，是被选择者的目标。权力是引导别人的想法或行为向自己意图的方向转变的过程。创造价值就是权力，即创出实现目标的手段或工具。我们每个人都会为达到目标而制造手段。环境也有自己的目标和手段。当我的手段能够满足环境的目标，而环境的手段能够实现我的目标时，二者就会结合在一起。

企业是以利润为目标而制造产品或服务的，顾客是以利益最大化为目标而进行消费，顾客和企业之间是互为环境的。权力5属性同时有效的相互作用创造了竞争与合作的秩序，竞争与合作的秩序是创造的过程，当这种创造以价值化为基础得到实现时，通过与环境相结合，诱发了相生与合作的秩序。

6.3.2　自然通过功能性选择决定了权力5属性的作用模式

当权力5属性同时有效发挥作用时，就能够实现竞争与合作。让我们来一起观察自然世界。自然通过竞争与合作来谋求各自的生存。大自然总是新的，因为它总是在谋求着竞争与合作。竞争造就了创新，合作则实现了共生。自然界中的个体形成了竞争与合作的秩序，这种秩序最终形成了相生与合作。

很多人都认为竞争就是从第一名到最后一名进行排列。但竞争不是排队。在马拉松比赛中，竞争是给每个人力量的事情。在马拉松比赛中，有人优胜了，他和他的家人都很高兴，他所在的团体也会很高兴，其他人看到他获胜的样子，也会从中获得力量。能够跑完全程的人也能给很多人勇气，只要努力到底就没有不可实现的事情。通过竞争，大家都能感受到幸福。

自然界如何创造竞争与合作的秩序呢？自然生态系统的个体们具有其固有的正体性。他们根据自己的正体性发挥其固有的作用。例如，松树和橡树在生态界各自起着固有的作用。个体的这种固有的作用或功能决定了其自身权力5属性发挥作用的模式。也就是说，对生态界个体发挥作用的权力5属性是根据他们的正体性而进行功能性选择的结果。宇宙或自然中的个体根据正体性来决定对自身发挥作用的权力5属性的模式。生态界自生力是以个体为依据进行的权力5属性的功能性选择的结果。

生命力能够激活属于宇宙和自然的个体的正体性，被活化的正体性决定了对自己起作用的权力5属性的模式。因此，生命力就是创造宇宙和自然共同体秩序的根源性能量。随着熵增加作用的发生，宇宙或自然存在的秩序面临严重威胁时，它们的生命力决定了对宇宙或地球生态系统的自我净化产生作用的权力5属性的模式。例如，在宇宙中，由于黑洞爆炸而产生新的星星的过程或因台风袭来而使土地酸性化的过程都意味着生命力的自我净化。宇宙或地球生态界的自我净化能力是以生命力为基础的，是权力5属性的功能性选择的结果。

6.3.3 自然通过功能性价值化诱发周期性循环

正如前面所指出的，宇宙和自然的个体依靠其自身的正体性实现权力5属性的功能性选择，在此基础上，通过 Concordance Process，实现权力的周期性循环。宇宙和自然的这种 Concordance Process，创出了它们相生与合作的生存秩序。

借鉴宇宙和自然现象我们了解到，以权力5属性为基础的 Concordance

Process 创造了相生与合作的生存秩序。由此，如果将宇宙和自然的 Concordance Process 原理应用于企业的话，企业就将实现其竞争优势。

价值化创造价值，并利用这样的价值创造出环境适用的情况，有功能性价值化和意志性价值化之分。功能性价值化是指由功能性选择得到的权力属性而产生的价值化，意志性价值化则是根据意志性选择的权力属性而产生的价值化。对自然个体起作用的权力属性是根据其各自的正体性来进行功能性选择的结果。因此，自然能够通过功能性价值化来实现权力的周期性循环。

权力5属性的功能性价值化能够诱发宇宙或自然的周期性循环。人类根据自己的意志来决定是否去实现价值化。个人如果想要实现成功，具有渴望价值化的意志是十分重要的。

6.3.4　意志选择决定权力5属性的作用模式

个人凭借意志选择决定权力5属性对自己发挥作用的模式。意志是为了实现特定的方向或目标而组织自己的能力。例如，一个人想要成为国家代表棒球选手，凭着这样的意志，他首先要不断领悟国家代表棒球选手的价值，然后产生实现这一目标的动机。同时，这种意志也会组织生理、心理及精神等因素，形成作为国家代表棒球选手所应有的能力。那么，人类都具有哪些意志呢？

人类天生就有渴望自我实现自由意志。自我实现自由意志使人类一步步走向完全自我实现。完全自我实现是构建个人自我和社会自我的调和关系，这就意味着完全自我实现。同时，自我实现自由意志调和个人和社会两个自我，使得权力5属性得以同时有效发挥作用。即权力5属性同时有效发挥作用，将引导个人实现全人格体自我实现。

但是，人类的这种全人格体的成长活动在其成长过程中，有可能会受到权力的非合理性条件的持续影响。因为权力5属性的作用水平是受非合理性条件支配的。当个人为权力的非合理性条件所支配时，思想和行为会变得更加复杂，呈现出无秩序状态的倾向。也就是说，个人的想法或行为会产生熵增加。在这种情况下，个人自我实现自由意志会丧失正体性。失去了正体性的自我实现自由意志将无法发挥自己的作用。在这种情况下，自我实现自由意志体现为成功指向性自由意志、自我实现的学习意志和潜在的学习意志。因此，人类的意志类型分为自我实现自由意志、成功指向性自由意志、自我实现的学习意志和潜在的学习意志。

一个人是被自由意志所支配还是被学习意志所支配，决定了权力5属性的作用模式。因为，对人类起作用的力量属性模式是根据意志来进行选择的。如前所述，自我实现倾向性可以激发权力5属性同时有效的相互作用，外在刺激只会激活那些能够适应刺激的权力属性。自由意志是以自我实现倾向性为基础形成的，因此它可以激发权力5属性同时有效的相互作用。但是学习意志能够激活的是那些适应学习内容的权力属性。因此，自由的意志能够激发完全机能能力，但学习意志则不能。人们一般都会以为意志就是自由的，其实意志还有自由意志和学习意志之分。

对自然界个体起作用的权力5属性的作用模式是根据他们的正体性来进行意志选择的结果。人类意志的形成是由自我的正体性决定的，因此对人类起作用的权力5属性的作用模式也是根据正体性来选择的。因此，对自然或人类起作用的权力5属性作用模式的决定方式是一致的。但是，虽然生态系统个体的正体性是既定的，但人类的正体性是由人类自己创造出来的。因此，人类是自己为自己负责的存在。关于人类的意志是如何形成的？

在自然界，权力5属性能够同时有效发挥作用时，会产生机能价值化。同样地，对人类而言，权力5属性同时有效发挥作用也会产生机能价值化。实现自我的自由意志就是权力5属性同时有效发挥作用，并产生机能价值化。但成功指向性自由意志、自我实现的学习意志和潜在的学习意志不能诱发机能价值化。在这种情况下，为了实现权力的周期性循环，就需要实现意志的价值化。正如所指出的那样，Power Process 是价值化的进程。为了实现意志的价值化，我们需要对 Power Process 进行学习。

6.3.5 Power Process是意志价值化的手段

Power Process 是由权力的 5 个决定要素的相互作用形成的价值化过程。因此，权力的 5 决定要素都在价值化中起着固有的作用。权力的 5 决定要素的这种作用，可以通过人们去饭店吃饭的过程来进行说明。现在假定大家饿了所以要吃饭，饥饿是一种欲望。要满足对食物的欲望就要去饭店。因此，欲望是诱发行为的线索。在餐厅里选择自己喜欢的菜品。食物的嗜好是食物的选择标准，这也就意味着食物的价值。我们并不会因为饿了而饥不择食。我们只吃自己觉得有价值的食物。对食物的需求会诱发行为，但选择吃什么则是由价值进行选择的。欲望提供了诱发行为的线索，但要做怎样的行为则依赖于价值。所以，如果餐厅菜单上没有自己喜欢的食物，大部分人就会去别的餐厅了。

食堂的烹饪方法是食堂的权力要素。饭店是根据自己的烹饪方法，即权力要素来开发菜单的。烹饪方法不同，自然菜单就不同，所以，不懂烹饪方法就开不了饭店。因此，权力要素决定了 Power Process 的方向，并提供了权力创造和消灭的原因。人可以拥有资本、技术、健康、个性魅力等多种资源。在这些资源中，根据将哪一种作为权力要素来使用来决定价值化的方向。企业拥有技术、人力资源、领导力、组织文化等资源，根据其中哪一种作为权力要素就决定了企业价值化的方向。

但如果饭店内部很脏乱，大家也不会在那里吃饭。所以，环境决定价值。云南玉龙雪山山顶上的咖啡比山下的咖啡价格高，但人们还是喝山顶上卖的咖啡，决定因素就是环境。环境领先于价值，价值由环境引领。

如果饭店老板往餐桌上端水杯时毫无诚意的话，顾客会因为心情不好而离开。这是与顾客的关系。刺猬也疼爱自己的孩子。因为他们是父子关系。人的行为取决于关系。父子之间的行为和上下级之间的行为是不同的。关系带动行为。权力不是由个人拥有的，而是存在于关系中。说某人具有权力是没有意义的，应该说他对谁来说拥有权力，这才是有意义的。

人类的行为过程与权力的 5 决定要素有关。有这样关于环境的故事，当有人问你喜欢什么季节时，如果是在炎热的夏天，你就会回答说喜欢冬天。但如果是寒冷的冬天问你，你多半会回答喜欢夏天。个人眼中的价值是随着环境的变化而变化的。关系也很重要。特别是东亚文化背景下的国家和地区社会，血缘、学缘、地缘等关系非常重要。虽然强调关系的社会有好的方面也有不好的方面，但是为了更成功地生活，维持好关系是很重要的。

再重新思考一下植物与昆虫之间的关系。植物的花瓣、花香和蜂蜜能够诱导昆虫自发地聚集在植物上，这是一种采获花粉的能力或力量。因此，这些就是植物产生的力量。花为昆虫提供食物，以换取花粉的传授。换句话说，植物产生花香和蜂蜜之类的能量通过为昆虫提供食物来达到其生存目的。花、香气和蜂蜜作为植物制造出来的能量，是使植物和昆虫共同生存的积极力量。若要实现自身的目标，必须先付出自身所拥有的。单纯的接收或单纯的给予都不能形成循环。自恋与单相思总是很辛苦的原因就在于无法实现循环。

6.3.6 自由结合比意志性结合进步更快

以价值化为基础的创造通过与环境结合诱发相生和合作的秩序。人们之间的这种结合即权力结合，意味着价值交换的过程。权力结合有意志性结合和自由结合两种。权力的意志性结合会形成以合理计算为基础所选择的行为。但是，权力的自由结合会诱发本能或自发的行为。因此，权力的自由结合会产生本能或自发的合作。

权力的自由结合有两个条件：权力的目标相同，或者权力目标不同，

第二部　创新能力开发原理

但权力的目标达成手段为实现其他权力的目标而做出贡献。

人们常说人际关系不是勉强制造出来的。能够相互帮助对方达成目标的人之间的关系就不容易断绝。也许正是因为这样，有句名言"相爱的人可以分手，但是相互需要的人绝对不会分手"。

虽然有人觉得只要自己过得好就可以了，但实际上这样的人过不好。不能把自己的目标和手段混为一谈。人当然应该追求自己的目标。但是为了追求自身的目标，我必须创造出你喜欢的手段。这就是生存的法则。爸爸要做家人想要的事情，妈妈也要给家人她们想要的，通过这些来形成家族共同体。子女也必须做父母喜欢的事，不然父母和子女之间的关系就疏远了。因为 Power Process 是价值化的过程，它能够诱发权力自由结合的条件。

到了该积极改变想法的时候了。积极的想法是创造权力的自由结合的条件。脱离了权力的自由结合条件的结合就是意志性的结合。从权力的自由结合条件来看的话，我和你是做彼此想要的事情。也就是说，我的手段能够实现你的目标，而你的手段又能实现我的目标时，合作就形成了。我们的生活中，创造出权力的自由结合条件是非常重要的，这些条件包括服务、营销、生产管理、采购管理等经营活动。对于企业来讲，如何为实现顾客的目标提供手段是非常重要的。要产生权力不能依靠意志性结合，而是要创造出自由结合的条件。

人生是目标指向性的。人的一切行为都是有目的的。例如，为了保护眼睛，自律神经系统会促使人眨眼睛。虽然我们不知道，但无意识的行为也是有目的，日常行为就更不用说了。个人为了实现自己的目标必须创造出一种手段来。但是，并非创造出来手段就一定能实现目标。手段与环境相融合时目标才能够实现。仔细地考虑一下，我的目标与谁结合才能够得到实现呢？那就是环境。人类与环境相结合时就能够实现自己的目标。例如，学生与学术环境结合在一起，就可以实现学术上的目标。

权力的意志性结合一般都是有意或强制性联合，因此不一定能够获得积极的结果。权力的自由结合比意志性结合进步更快。这是因为自由的行为大部分都是积极的。

拿学习举例,被强迫着写作业是一种意志性结合,而不用别人督促写作业也能够自我主导性学习则是一种自由组合。以自觉自愿为基础的自由结合确实比意志性的结合更积极。目标是个人想要的,手段则应该是环境想要的。这是基本原则,目的是我的选择标准。手段是环境的选择标准。选择的标准就是价值。

6.3.7 Power Process与人性役量发展

Power Process 能够通过价值化创建自由结合的条件并最终实现目标或解决问题。因此,如果我们能够在生活中很好地利用 Power Process,就将拥有更加成功的人生。

社会主体具有多种权力要素,即权力资源。例如,一个人具有多种权力要素,金钱,个性,技能,知识,健康或个性魅力等。一个公司也具有多种权力因素,例如技术,人力资源,资本,组织文化,领导能力,品牌价值或市场份额。社会主体应当选择其中最能满足他人的需求的要素作为自己的权力要素。

根据 Hitt 等(2006)的观点,人们会从积累的经验中创造价值,价值判断会影响自己的价值特性。例如,个人在制度和文化影响下通过与他人接触来学习对价值的理解。个人的大部分需求都隐藏在内心。在特定的瞬间,特定的需求集合是由内心刺激、感情、认知过程或环境的刺激来激活的。因此,需求和价值不仅会受到环境的影响,它们也会对环境产生影响。

权力不是由个人拥有的,而是存在于特定的关系中。即使一个人拥有某些权力要素,也并不意味着能将其直接转化为权力。权力要素只有在关系中才能转化为权力。举个例子,比如一个人有钱,但钱并不能当作权力来使用。当卖家给金钱赋予了价值,并建立了交易关系时,金钱对这个人来讲才转换成了权力。因此，为了实现自己的权力，每个人都必须与对方建立特定的关系。

6.3.8　Power Process是创造的过程

结合是创新的主要表现形式，新的、独创的、新的想法都是创造的过程，这些都是由新的结合而形成的。例如，雕塑和公园的结合形成了新的雕塑公园。电脑技术和机械制造技术的结合产生出了机器人。东方和西方思想的结合创造出新的价值观。我们使用的许多化学制品是通过物质的新结合而制造出来的。因此，新的结合就意味着创造。

创造是把分离的东西组合为一个整体，但并不是所有的创造都能获得成功。Power Process 是权力的 5 决定要素，即权力要素、欲望、价值、环境及关系相互作用的过程。权力的 5 决定要素是以相互分离的形式存在的。Power Process 是将相互分离的权力的 5 决定要素进行结合并诱发价值化的进程，这不仅是创造的过程，也是革新的过程。因此，以 Power Process 为基础的创造能够引发创新。以 Power Process 为基础的人生也是一种创新指向型的人生。

（1）权力要素。人类的知识、经验、技术等智力特性和人性五力量都属于权力要素。权力要素决定了创造的方向，是创造诱发和权力消亡的原因。

（2）欲望。欲望不仅是因为缺乏，还意味着向新事物的跨越。欲望提供创造的线索，如果没有欲望，就不会产生创造。

（3）关系。关系是一种将各自分离的事物以本质为依据结合为一个整体的过程。在创造中，关系决定了权力的 5 决定要素的结合模式。

（4）环境。环境是提供权力要素的根源，也是被创造出来的事物得以扩散的通路或基础。例如，企业从产业中获得新技术，生产出产品或服务，并通过市场进行扩散。产业或市场是企业的环境。因此，环境提供权力发挥作用的时间和空间条件。

（5）价值。价值是选择或判断的标准，是被选择者想要实现的目标。价值是受权力决定要素相互作用的模式支配，并提供决定它们作用的规则。

Power Process 中权力的 5 决定要素有时是竞争关系，有时是合作关系。例如，当欲望和价值的追求不同时，它们会进行竞争。如果欲望发生变化，会对价值产生影响，它们还会对其他权力决定要素产生影响。权力的 5 决定要素中的任何一个发生变化，都会影响到其他要素，产生新的竞争与合作，并实现创造。例如，当手表指针的动力，即权力要素从发条变为电池时，这意味着新的手表已经诞生。新的手表改变了用户对手表的欲望和价值。另外，改变手表的使用环境也会产生创造。例如，如果将便携式手表改变为可在水中使用的话，就制作出了潜水员们可以使用的新手表。名牌手表则赋予手表宝石般的价值。也就是说，当价值发生变化时，新的手表就诞生了。

蜂蜜是蜜蜂和蝴蝶活着的必要条件。蜂蜜因为被人喜欢具有了积极的价值。植物和昆虫形成了一种信任关系。花儿通过散发出香味营造出一种我在这里的环境。植物通过 Power Process 创造了出完整的价值。Power Process 为了达到自己的目标制造了最有效的手段。

事实上，权力的 5 决定要素的定义很多，适用于许多例子，因为适用于各种情况的解决问题的原理。而且，Power Process 是实现目标的有效手段，引导事物走向成功。由此可见，Power Process 是一种创造个人成功和组织成功的过程。

6.3.9　Power Process引导进入最佳的意志决策

假设有个售货员正在向你营销一款笔记本电脑。这时，你通过什么过程决定是否购买笔记本电脑呢？

我需要笔记本电脑吗？

第二部 创新能力开发原理

笔记本电脑的质量、设计、价格、交货期等是否适合我的采购条件？

笔记本电脑和其他 IT 产品有足够的兼容性吗？

笔记本电脑制造商可靠吗？

售货员展示的笔记本电脑能够满足我的目的吗？

"'需要的东西'与欲望（needs）有关，'我对笔记本电脑的购买条件'则与我对笔记本电脑的价值，也就是选择的标准有关。'笔记本电脑和其他 IT 产品有足够的兼容性，与使用环境有关。'对笔记本电脑制造商的信任'意味着个人与制造商之间的关系"。权力要素或价值化要素与价值化对象有关。"笔记本电脑"是一种价值化因素。当上面的五个项目，即欲望、价值、环境、关系及权力要素中任何一个不能被满足时，我们将不购买这款笔记本电脑。

决策是为了解决既定的问题，在各种方案中选择最合适的方案的过程。因此，决策包含选择方案的标准或设定方案的判断标准，并将其应用于选择方案的过程中。正如所指出的，价值化就是形成选择的标准或判断的标准，并创造出适用于这些标准的情况的过程。价值化包括了决策过程。Power Process 是一种价值化的进程。因此，基于 Power Process 的决策是最佳的决策，成功的可能性很高。希望大家在各自的人生中践行 Power Process。

如前所述，价值化是基于知识过程的意识知觉的判断，它能够形成价值，并在选择过程中实现其应用。价值判断是在逻辑层面实现行为的价值化。学习意味着行为的永久性变化。因为 Power Process 是价值化进程，所以我们在学习 Power Process 时，智力能力和社会性会得到更好的开发。

6.3.10　Power Process 的学习可以激活生命力

Power Process 中权力的 5 决定要素之间，很难区分哪个是原因，哪个是结果。各个权力决定要素影响其他要素，各个权力决定要素也在发生着变化并改变其他因素。因为权力的 5 决定要素总是在不断变化的过程中，所以，Power Process 是一个创造性的过程。某一特定的权力决定要素的变化会影响其他权力决定要素，这会导致新的价值化。

学习意味着行为的永久性变化。学习 Power Process 能够实现行为的价值化，获得后天创新力量。因为 Power Process 是创新性的过程。后天创新性的作用与先天创新性的作用相同。即后天的人性役量在自我实现倾向性的活性化条件下优先被激活，由此激活自我实现倾向性，自我实现倾向性能够产生权力 5 属性同时有效的相互作用。在这样的过程中，我们的行为实现了价值化。即 Power Process 的学习可以激活人类的生命力。

Power Process 中的价值化功能和作用：
①创造解决问题的能力或手段及方法。
②创造实现目标的能力。
③创造引发革新的过程。
④引导最佳决策。
⑤去除作用于个人的权力非合理性条件。
⑥防止权力的作用变异。
⑦诱发成就行为。
⑧谋求环境经营，诱发环境与相生合作的秩序。
⑨诱发自我实现。
⑩诱发全人格体性的成长。

Power Process 的学习可以激活人类的生命力。人类的生命力是自我实现倾向性的激活，激发自我实现倾向性就能实现成就行为。因此，Power Process 的学习会诱发价值化，使权力 5 属性产生同时有效的相互作用。以 Power Process 为基础的价值化和以权力 5 属性为基础的 Concordance Process 是相互独立的又相互影响的关系。

6.3.11 Power Process蕴含价值化力量

价值化力量是先天性的，是在创造价值的同时创造出适用于该价值的环境的过程，由自我组织化、动机赋予、创造价值、关系管理和环境领导力量组成。我们将自我组织化、动机赋予、创造价值、关系管理和环境领导力量称为根源性5价值化力量，它们在价值化中起着固有的作用。

强调Power Process是价值化过程，以Power Process为基础来看待权力5决定要素时，它们分别表现为自我组织化能力、动机赋予能力、价值创新能力、关系管理能力及环境领导能力。

Power Process基础上的5价值化力量如下：

①自我组织化力量。自我组织化力量是指通过智力特性和创新力量的相互作用创出权力要素的过程。正如所指出的，价值化能够激活生命力，包括了自我组织化。Power Process是以权力5决定要素的相互作用来谋求价值化的过程。因此，学习Power Process会产生自我组织化力量。

②动机赋予力量。权力是有意识的，或者促使别人的想法或行为向自己意图的方向进行转变的过程。动机赋予力量是在别人的内心创造出符合自己意识的行为动机的过程。Power Process是一个创出权力的过程，包括了动机赋予的过程。因此，学习Power Process会产生动机赋予力量。

③价值创新力量。价值创新力量是创造出适合人的选择标准价值的能力。价值化就是创出权力即价值，并创造出别人可以适用的情况。Power Process是价值化的过程，所以我们在学习Power Process时，其中就蕴藏着价值创新力量。

④关系管理力量。关系是将相互分离的事物根据本质合为一体的过程。例如，父亲与儿子的关系、朋友关系、师徒关系最终都要合为一体。关系管理能力是与他人形成关系，由此带动行为的能力。价值化是创造价值并创出其适用情况的过程，关系也由此产生。因此，学习Power Process会产生关系管理能力。

⑤环境领导力量。环境领导力量是使环境对其对象产生积极或友好信息的感知过程。这种环境的领导包括通过友好的态度或环境及状况的创出，提高权力价值的活动。Power Process 包含了满足环境需求的过程，因此产生了环境领导力量。这种环境领导能有效地使别人对自己创造的价值产生积极的信息。

本书一直强调 Power Process 是价值化进程，并且在对以 Power Process 为基础的价值化权力的 5 决定要素进行应用时，它们分别表现为自我组织化力量、动机赋予力量、价值创新力量、关系管理力量及环境领导力量。

第二部 创新能力开发原理

第七章 创新能力开发5阶段

根据创造性系统的开放，个体发展到创造性能力开发的五个阶段，即潜在能力阶段、自我主导性能力阶段、完全机能能力阶段、问题解决能力阶段和完全自我实现能力阶段。由于创新系统是与生俱来的，如果没有任何权力阻止创新系统向个人开放，个人将会通过创新能力开发5阶段实现完全自我实现。在这里，我们将考察创新能力开发5阶段的行为特征、推进到每个阶段的原则、阻碍创新系统开放的权力及如何去除它们。

7.1 创新能力开发5阶段的内容

人类的创造力取决于创新系统，作为个人的潜在能力而存在。一个人的行为特征取决于创新系统的激活程度。潜在能力水平和自我主导性能力水平、完全机能能力水平、问题解决能力水平和完全自我实现能力水平从潜力阶段到自我实现阶段的一系列阶段称为创新能力开发5阶段或自我实现能力开发5阶段。

7.1.1 潜在能力阶段

人们与生俱来的自我实现倾向性是 80% 开放的。这种自我实现的倾向性使人们在生理、心理和情感上创造并提供内在动力。在阻止自我实现倾向性开放的权力（例如，非合理性的权力条件）情况下，个人的创新系统无法被激活。位于潜在能力阶段的个人创新系统处于未激活的状态。

个人自我是自我实现倾向性的参考框架。潜在能力水平自我实现倾向性没有被激活，因此个体自我的形成这是不够的。因此，这个阶段的个人不确定他们的目的，而是以他人的想法来进行自己的价值决定，即价值条件。

一个人的天赋和可能性通过权力属性传递给后代；如果个人的创新系统被激活，他们就会将天赋或资质传给后代。潜在能力水平是指个人的创新系统未被激活时的水平。这是一个没有表现出天赋或可能性的阶段。

7.1.2 自我主导性能力阶段

(1) 自我与意志的形成

个人的思想或行为取决于权力的非合理性条件。如果不被支配，自我实现的倾向性就打开了，自我实现的倾向性是它充当形成个人自我的参考领域。但我们受到权力非合理性条件的影响时，自我实现的倾向性是不开放的。我们的思想和行为往往受价值观条件的支配。在这种情况下价值观的条件塑造了我们的社会自我。

意志组织自己朝着特定的方向或目的前进，自我不断认识到这一点，并在实施过程中发挥主导作用。

(2) 自由意志和学习意志

意志包括自由意志和学习意志，自我的类型是形成意志的基础。学习意志是建立在学习的自我，即社会自我的基础上的。而自由意志是基于个体自我形成的。所以，学习意志导致社会自我实现，自由意志导致个人自我实现。

根据自我实现倾向性的开启，可以加强个体对最佳自我的认同。

自我独特性意味着正体性作为区分个人的价值。特点独特性使个人能够创造差异化的目标。目的指令性行为是理性行为。因此，个体自我的形成是它激发了合乎逻辑和差异化的行为。

自我的正体性是在自我的各种角色中作为统一的自我的正体性。自我认同是个人内在需求和表达需求之间的关系。在个人自我和社会自我之间建立和谐的关系。

自我完整性是试图以全面的方式把握整体的含义。自我完整性允许一个人具有几个个人特征。尽管在性别上与其他人不同，但作为个体的这些特征和谐融合。自我的主观性将一个人的正体性定义为一个独特而独立的个体。

(3) 自我实现自由意志和自我导向的行为

个体自我的独特性、同一性、完整性和主观性使个体感知到充分自我实现的价值，以及个人和社会自我协调。自我实现自由意志使个人能够完成自我实现。它发展性格并诱导自我导向的行为。这种自我实现自由意志实现了个人和社会自我。个人和社会所有自我的实现称为完全自我实现。

自我导向的行为是为自己寻找和设定目标的能力。自由意志对自我导向行为的自我实现让人们进入自我主导性能力阶段。自我主导性能力时间顺序阶段允许个人实现他或她自己的快乐或满足，而不管环境或情况如何，为满足自我实现自由意志创造了导向行为。

正如迄今为止所指出的，我们对自我实现的倾向性越开放，与社会自我和谐一致的个人自我往往会形成。自我的形成允许个体形成自我实现自由意志，进入自我主导性能力阶段。个人自我实现自由意志成长后，个人进入完全机能能力阶段。

7.1.3 完全机能能力阶段

(1) 自我实现自由意志和成就导向行为

自我实现自由意志允许个人独立于任何情况。它不断诱导行为,以实现自我愉悦或满足。换句话说,自我实现自由意志是激发目标导向的行为。目标指向性行为是理性行为。自我实现自由意志满足行为的合理性。

自我实现自由意志导致自我实现的持续性行为和原因,引发特定行为的一致性行为,实现了自我实现自由意志的一致性。

自我实现自由意志导致完全自我实现。完全自我实现是个人自我和社会自我的同时实现。个人自我与社会自我之间的和谐是行为的积极性。自我实现自由意志满足行为的积极性。

自我实现自由意志是为了自我愉悦或满足而进行自我实现的倾向性。自我实现倾向性是前进的内在动力。自我实现自由意志满足行为的自发性或自我主导性行为。因此,自我实现意味着行为的理性、一致性、积极性和自我主导性。

个人行为的理性、一致性、积极性和自我主导性是成就行为的四个因素。满足成就行为4要素的行为称为成就行为。当一个人追求成就行为时,权力的非合理性条件的影响被去除,自我实现倾向更加活跃,个人的创新系统得以开放。换句话说,自我实现自由意志使人实现成就行为,通过激活自我实现倾向性来实现自我实现自由意志的成长。

(2) 自我实现自由意志和完全机能行为的成长

生态系统中的各个主体根据他们的正体性来实现各自的功能或作用。生物体在生态系统中的这些作用取决于他们自身的权力属性类型。然而,人们是按照自己的意愿去选择作用于自身的权力属性类型的。例如,在组织中,忠诚意识是归属属性起主导作用的表现形式,而新技术或新产品的开发则是创造属性起主导作用的表现形式。

自我实现自由意志的增长进一步激活了自我实现和自我实现倾向性，它使权力5属性实现了同时有效的相互作用。完全机能能力阶段是自我实现自由意志和个人潜在能力的成长阶段，是完成自我实现的阶段。个人根据自由意志实现自我的开放程度越高，权力5属性的相互作用就越活跃。个人先天和后天的天赋是权力5属性所固有的，所以权力5属性同时有效发挥作用的程度越高，个人的潜在才能就越容易显露出来，并进展为完全机能行为。

（3）完全机能行为与人才发展

一个实现了完全机能的个人，是处于自我实现的过程中，或是在理想的自我与现实自我的调和过程中，是积极开发潜在的可能性和能力的个人。自我实现和完全机能虽然密切相关，但它们之间存在细微的差别。自我实现是人们想要达到的，这意味着努力的目的。另一方面，完全机能是自我实现过程中的关键一步。因此，完全机能是自我实现的一个步骤，它为自我实现提供了动力。

正如所指出的，自我实现自由意志是由与社会自我相和谐的个人自我为依据而形成的。此外，自我在不断探究自己的本质并在实施中发挥主导作用。与社会自我相和谐的个人自我的成长导致了完全自我实现。

如前所述，创新系统由个人的根源性创新能力和机能性创新能力共同组成，结合经验和知识，创造出了许多才能。完全机能能力阶段不仅能够创造出这样的创新能力，而且能够创出个人的情商。在这个阶段，自我实现自由意志成熟的情况下，能够诱发行为的价值化，并将权力主体推进到问题解决能力阶段。

7.1.4 问题解决能力阶段

个体自我实现自由意志的成长促进了个人行为中的成就行为，激活了个人的自我实现倾向性。这样的自我实现倾向性被作为参考的框架发挥作用，强化了个人的正体性。正体性得到强化的个人自我，为了实现自身价值寻求起主导作用的方式。在这个过程中，个人会设定自身的目标，在实现这一目标的过程中获得新的价值，与他人形成有机关系并试图发散自身价值。

为了与他人形成有机关系并发散自身价值，个人需要发挥行为的价值化作用。行为的价值化能够创出价值，是为他人创造出价值化效果的过程，它能够创出目标达成或问题解决能力。例如，当企业能够制造产品并为顾客提供购买产品的环境时，企业就能达成自己的利润目标，行为是由目标和目标达成手段共同构成的。行为的价值化就意味着行为目标和手段的价值化，作为个人而言，行为的价值化能够实现目标达成和问题解决。

行为的目标或目标达成手段是创造性的、积极的、以客户为导向的。环境导向和自我主导性组合的价值越满足，行为就越受重视，解决问题的能力也能得到加强。积极向上，以客为尊，独创性，自由结合的价值被称为价值化条件。

（1）创造性价值

创造力是找到理想的人类需求并满足它们的能力。关键是找到资源的能力、技能和方法，创造性价值是一个新的飞跃。

（2）肯定性价值

满足更多人的需求是积极的。举个例子，国家的经济政策越是能够满足更多人的经济需求，就越积极。静态的积极的价值观催生了共赢与合作的秩序。

（3）以客户为导向的价值

价值观是选择的标准和选择的预期目的。如果实现目标或解决问题的过程所创造的价值不仅受到其自身的青睐，而且受到环境或客户的青睐，那么风险就会降低。

(4) 自由竞争的价值

自由竞争比预期竞争进展得更快。诱发人与人之间自我主导性联想的价值观会诱发有意识的联想，因为它引发了更自由的竞争。个人自我实现当自由意志成熟时，个体进入自我实现阶段。

我们的行为越满足价值化条件，我们除了实现社会自我之外，个人的社会自我与个人自我处于和谐关系。在这种情况下，个体进入完全自我实现能力阶段。

7.1.5 完全自我实现能力阶段

行为的价值化将在充分发挥作用的阶段进行。个人和社会自我越和谐，自我实现就越多，自由意志就越成熟。在这种情况下，个体完全独立于外部环境，走向自我实现。完全自我实现既是个人自我，也是社会自我的双重觉悟。

个人自我驱动着个人理想和过上一种生活。社会自我是真实的，基于价值观的条件，这与现实生活有关。因此，完全自我实现满足了个人和公共或社会生活，并且包括能力和潜力的所有使用和利用。完全自我实现的人得到了充分的满足，并充分发挥了他们的潜力。完全自我实现是个人将自我认知转化为现实的动机。

权力 5 属性是价值衡量过程和互动。在特定情况下为生存创造最合适的需要、动机或情感，它提升并激发行为。动机和情绪往往是交织在一起的。动机可以是情绪的原因，而情绪可以是动机的原因。例如，对工作时间表的愤怒可能是寻找新工作的动力。因此，动机和情感具有密切的关系。

情绪和动机独立发生，但彼此明显趋同，是一个心理过程。情绪可能伴随着动机行为，它可以作为一个元素。此外，当动机行为受挫时，情绪可以发生。因此，动机和情绪是实现目标所必需的。但是，它们的作用不同，形成的过程也是独立的。

动机行为常常受到情绪的影响和改变。当一个人的工作动机伴随着愉快的情绪时，人们更专注于工作。但有时动机会引起不愉快的感觉，当你和某人在一起时，这些感觉会妨碍你。因此，动机和情绪是合作和竞争的关系。

当动机和情绪一起工作时，情绪支持动机。在这种情况下，动机情绪具有更强的役量，并产生以目的为导向的行为。当动机与情绪竞争时，情绪就是动机所指向的行为。然而，当动机和情绪相互竞争时，其中一个会更有影响力。

个人自我与社会自我之间的和谐关系进一步激活了创新系统并诱导权力的 5 属性的有效或同时相互作用。

创新能力开发 5 阶段的特征可能独立出现，也可能相互出现相互重叠。个体创新系统的开放形成自我实现自由意志，自我实现自由意志促进了创新系统的激活，并使个人能够进入创新能力开发 5 阶段。

一个人的创新能力在他或她的一生中不断地、累积地增长。在这个过程中，自我重新形成，设定了新的目的，并且加以实施。因此，自我实现不是一次性的事件，而是一生的持续的过程，应该得到持续激活。

7.2 自我净化与创新能力开发

当一个人被权力的非合理性条件所支配时，由于创新系统未被激活，个人进入潜在能力阶段。因此，为了使个人顺利进入创新能力开发 5 阶段，必须摆脱权力非合理性条件的影响。在自我净化中，作用于个体的创新能力在一生中不断累积，在这个过程中，自我重新形成，设定新的目标，并试图实现它。因此，自我实现不是一次性的，而是一个贯穿一生的持续过程。为此，必须不断激活个人的创新系统。

如果我们知道权力的非合理性条件支配的原因，我们就可以促进与之相适应的自我净化过程。权力的非合理性条件的存在原因各不相同，但在大多数情况下，都是由价值条件和个人或社会自我的不调和造成的。这种情况下，就应该找到这种权力的非合理性条件的诱发原因并消除这些原因，起到自我净化的作用。

7.2.1 价值条件与权力的非合理性条件

如前所述，自我实现自由意志建立在自我实现的倾向之上。它取决于框架所形成的个人自我没有表现出自我实现的倾向性，或者正在等待合适的条件被满足。Rogers（1961）认为，当一个人感受到无条件的积极性尊重时，就会表现出自我实现的倾向性。对无条件积极尊重的感知是个人从他人那里获得的条件，这意味着没有它就无法感觉完全被认可。在这种情况下以自我实现倾向性为参照，形成自我实现自由意志。换句话说，自我实现倾向性是当一个人与自我没有接触时得以开放的。

但个人不可能总是获得无条件积极性尊重，也不是所有父母总是对孩子进行无条件积极性尊重。有条件的积极性尊重是指当一个人达到某些条件时，另一个人才能够接受他。例如，父母对孩子说好成绩是有价值的，于是孩子就想得到好的成绩，而得到了好成绩的孩子认为自己就是一个好的学生。因此，孩子从父母那里得到的温暖和爱决定了孩子的行为。有条件的积极性尊重就是支配个人选择框架的价值条件。

如前所述，个人受制于价值条件，即受制于他人的评价标准。当被价值条件支配时，人们会忽视自己真实感受的有效性。他们的评估标准作为获得他人认可的一种手段或按预期行事。有条件的积极性尊重是一个人的思想和行为的状况在摆脱了权力的非合理性条件支配的状况下产生的。

为了让我们不受价值条件的支配，应该取消或脱离有条件的积极尊重。人作为一个社会存在，必须消除由环境引起的有条件的积极性尊重。逃离几乎是不可能的，有时甚至是不必要的。在有条件的积极性尊重之中，为了发挥我们的创新能力，必须自我主导性地清除作用于个人的权力的非合理性条件。

7.2.2　个人自我和社会自我的不协调及权力的非合理性条件

个人自我是一个人思考自己的存在并想成为的自我，关注个人行为并发展成为理想的自我。因此，个人自我就是个人愿意成为或应该成为的样子。它是思考自我的图片或图像。例如，如果你想成为一个认为应该是的父亲形象，是个人对父亲的理想自我。或者，想要或应该成为学生的学生形象是个人对学生的理想自我。

社会自我是个人被他人看待和看待的方式。它关乎你的想法，以及别人对你的期望和真实自我的角色。真正的自我是对实际特征和能力的感知。真实的自己是个人的真实，它基于经验，基于个人实际如何看待自己。因此，一个人的社会自我反映了他的社会存在、思考和寻求经验和知识所学价值的条件。

个人自我和社会自我各自定位以体现人们的正体性。个人所面临的环境对个人行为的影响更大或视情况而定。当我们的个人和社会自我处于和谐关系中时，我们谋求关于自我经历的正确性象征化，进行肯定性的思考，从而走向完全自我实现（Rogers，1961）。

因此，当个人自我和社会自我处于和谐关系时，个人自我和社会自我的方向是一致的。在这些情况下，人们可以将他们的经历或感受联系起来，积极诠释每一个促进心理稳定与和谐的因素，在个人和社会生活中表现出令人满意和进取的行为倾向。

然而，个人自我和社会自我之间的不一致会导致不快乐、不满和在极端情况下，它们共同导致适应不良。在这种不适应中个人对出错的地方有不准确的感觉，或感到焦虑，因为无法确定其来源。当个人自我和社会自我之间的一致性较低时，自我行为与社会行为之间就会存在冲突。这些人否认自己或对社会经历或感觉做出不恰当或扭曲的解释，一般表现为心理失调或脆弱。在这种情况下，个人会经历模糊的坏感觉和感受到威胁，直到清楚地察觉。对此，它会触发一种防御机制，并且很容易被权力的非合理性条件所支配。

当个人处于权力非合理性条件的支配下时，自我实现倾向性的活动会受到抑制，创造力无法表现出来。在这种情况下，一个人的行为无法表达学习意愿，个人与生俱来的潜力无法被激发或被遗漏。人具有天生的潜力，如果错过了表现机会，他们就会变得局促、固执和防御。他们感到受到威胁、易怒，并感到严重的不适和焦虑。因为，他们的生活以别人想要或重视的东西为导向，所以在生活中获得实质性的满足并不容易。

7.2.3 自我净化和权力的非合理性条件

自然生态系统中存在多种类型的自我净化系统。举个例子，受污染的水在海中被净化或被太阳热量蒸发，被净化。如果地球上没有污水净化系统，地球上就没有生命。环绕地球的臭氧层来自太空。它不仅能去除空气中的辐射，还能净化地球上被污染的空气。臭氧层的这种净化功能保护地球上的生命。灰尘具有碱性。这些灰尘能够促进土壤净化。这些净化系统对于维持地球生态系统至关重要。

正如所指出的，一个人出生时，自我实现的倾向性已经被开发了约80%。除非受到权力非合理性条件的支配，个人通过创新能力开发5阶段，最终将走向完全自我实现。但是，在这一过程中，我们被价值条件所支配，或者个人自我和社会自我不相调和的情况下，我们会被权力的非合理性条件所支配，从而进入潜在能力阶段。当我们进入潜在能力阶段之后，创新能力就无法得到发挥了。

自然生态净化系统对于维持地球生态系统至关重要。权力主体为了摆脱非合理性条件的束缚，必须进行自我净化。

正如举例所指出的，自我实现自由意志的增长驱使我们走向成就行为。这时，权力的非合理性条件被移除了。因此，基于自我实现自由意志的成就行为包括了人类的自我净化过程。此外，个人的行为越能满足行为的价值化条件，我们的社会自我和个人自我就会变得更加协调。这样的情况下，个人就能摆脱权力的非合理性条件的束缚。个人有意识或无意识地进行成就行为或创造价值化条件，创新系统就能得到开放。

良心是辨别事物的价值并判断一个人的行为对错的标准。它与判断善恶的道德意识有关。良心使人自给自足地评估自己的行为，并让他们感到有道德责任。对于一个人而言，良心能够去除权力的非合理性条件的影响，诱发自我净化。从社会的角度出发，当这种良知作用于社会成员时，它就是作用于社会的权力，能够用于消除权力的非合理性条件。因此，良心不仅具有净化社会的功能，良心在社会中的运作也净化了社会，并开启了其成员的创新系统。

社会的道德和伦理分别创造了社会的横向和纵向秩序。社会的道德和伦理并不是某人有意识地创造出来的，而是自由自发状态下自然形成的。因此，道德与伦理对于社会成员而言，创出了自由自发的社会秩序，这种以道德伦理为基础形成的秩序能够净化社会，开发社会成员的创新系统。

自我净化使个人的创新系统和创新能力得以开发。个人通过创新能力开发5阶段，最终走向完全自我实现。其中每个阶段的行为特征是不同的。因此，为了开发创新系统并进入创新能力开发5阶段，必须选择与我们想要进入的阶段相适合的自我净化方案。

第二部 创新能力开发原理

第八章 自我实现自由意志循环

自我实现自由意志是在个人自我和社会自我和谐的情况下形成的。自我实现自由意志的形成、成长、成熟和衰退的一系列过程被称为自我实现自由意志寿命周期。在这里，我们了解自我实现自由意志寿命周期与创新能力开发5阶段的关系，并讨论自我实现自由意志循环中个人创新能力开发的实践方案。

8.1 自我实现自由意志寿命周期与创新能力开发5阶段

对于个人而言，自我实现自由意志走向成长、成熟阶段的情况，个人经过自我主导性能力阶段和完全机能能力阶段，进入问题解决能力阶段和完全自我实现能力阶段。我们将所谓的自我实现自由意志的形成、成长、成熟和衰退，称为自我实现自由意志寿命周期。

8.1.1 自我实现自由意志的形成期

当我们去除了权力非合理性条件的不良影响，创新系统就会得到开放，自我实现倾向性作为基准的框架形成了个人自我。个人自我是个人的认同感，关系到自我的固有性、同一性、整合性和主体性。个人自我的这种正体性，能够感知自我实现的价值，协调个人自我和社会自我，产生自我实现自由意志，激发自我主导性行为。

自我实现自由意志独立于外部附带的权力，根据自身内在的标准决定行为。因此，个人进入自我主导性能力阶段。这些个人为了可以不受环境或情况的影响而实现完全自我，诱发了自我主导性行为。因此，自我实现自由意志的形成阶段成为创新能力5阶段的标准。自我实现自由意志形成期的自我主导性行为特征如下：

（1）行为的方向或目的明确。

（2）自我主导性行为。

（3）实施积极的行为。

（4）不受环境或情况影响地执行计划。

（5）持续评估行为是否与目的一致。

（6）对自己的未来没有消极的想法。

（7）自我实现倾向性被激活。

（8）认知能力提升。

（9）塑造自我净化的积极态度。

我们把自我实现倾向性、自我实现的价值及自我主导性行为称为自我主导性能力3要素。自我实现倾向性形成了个人自我的正体性，自我正体性使个人觉察到自我实现的价值。自我实现的价值能够诱发自我主导性行为，自我主导性行为能够激活自我实现倾向性。因此，自我主导性能力3要素之间是相互影响的关系。

自我实现的价值感使个人为了实现完全的自我产生了自我主导性性行为。自我实现倾向性形成个人自我，个人自我和社会自我贯穿始终使权力主体感受到自我实现的价值。自我主导性行为激活自我实现倾向性，促进了自我实现的价值感知。

自我实现自由意志促进了自我主导性能力3要素的活性化，诱发了个人主导性行为，自我主导性行为促进了自我实现自由意志的成长。

8.1.2 自我实现自由意志的成长期

个人根据自我实现自由意志进行自我主导性行为的程度越高，个人行为中的成就行为，即个人行为的合理性、一贯性、积极性和自律性就越强。个人越追求成就行为，就越有利于消除权力的非合理性条件的影响。这种情况下，自我实现倾向性的开放程度更高，创新系统更活跃，自我实现自由意志进入成长期，完全机能行为的内在动机得到激发。

社会性学习（social learning）是观察和倾听发生在别人身上的事情，并以此为依据进行行为的几乎永久性变化。比方说，我们大部分人的大部分行为，都是通过对父母，教师，朋友，电影，上司等行为模式的观察而习得的。社会性学习是基于对自己所属的社会及其成员的想法或行为的感知而进行的。感知是人们对环境赋予意义产生的感觉，是将思想进行组织化和解释的过程（Robbins,1996）。

个人的动机状态会对感知产生影响。即感知瞬间感知者的需求、价值及欲望会对个人感知产生影响。研究表明，一个人如果16小时以上不进食，脑中就会产生与饮食有关的模糊的图像。也就是说，人想要看到、听到并相信与自己的动机状态有关的东西。

成就社会行为是从环境出发，以对成就行为要素的感知为基础的，对于成就行为的社会性学习。如所指出的，自我实现自由意志成长在个人行为中体现为成就行为，成就行为是诱发完全机能行为的内在动机。完全机能行为的内在动机状态让个人更容易地从自己所属的社会或环境中得到成就行为要素。在对这种感知进行了学习的情况下，个人的成就行为得以诱发。

成就社会行为是根据成就行为4要素的社会性学习而采取的社会行为，由合理性、一贯性、积极性及自律性构成。社会行为的合理性，一贯性、积极性和自律性被称为成就社会行为的4大要素。成就社会行为是在个人内心诱发完全机能行为的外在动机。因此，以自我实现自由意志为基础的自我主导性行为诱发了成就行为和完全机能行为的内在动机。还有，这种内在动机往往能够诱发成就社会行为和完全机能行为。

完全机能行为的内外部动机激发自我实现自由意志的增长，激活创新系统，使个人迈向完全机能行为。自我实现自由意志成长期的完全机能行为特性如下：

①欣然接受新的经验。
②没有理由歪曲或否定关于自己的见解。
③深深地感受到厌恶，快乐，愤怒等感情，并据此产生行为。
④即使是不愉快或不高兴的经历，也要视为学习和成长的机会。
⑤不把时间浪费在贪婪的想法上，明确自己的价值感知。
⑥与他人建立和谐的关系。
⑦自我补充感知。
⑧提高情商及自觉能力。

完全机能行为，成就行为要素及成就社会行为要素被称为完全机能能力3要素。个人的完全机能能力3要素在相互作用的情况下得以成长。

成就行为要素为谋求自我净化和完全机能行为创造了内在动机，激活创新系统，促进了成就社会行为。成就社会行为要素是自我净化、完全机能行为的外在动机。成就行为要素和成就社会行为要素的完全机能行为的内外部动机使权力主体向完全机能行为迈进。完全机能行为要素使个人对完全机能行为持肯定态度，引导完全机能行为，激活成就行为要素和成就社会行为要素。

自我实现自由意志的成长促进了自我主导性能力3要素的活性化，诱发个人完全机能行为，而完全机能行为促进了行为的价值化。这种情况下，自我实现自由意志进入成熟阶段。

8.1.3 自我实现自由意志的成熟期

以自我实现自由意志的成长为基础的完全机能行为使个人创新系统更加活跃，并强化个人自我的正体性。这种情况下，个人自我为了体现自己的本质，谋求行为的价值化。行为的价值化造就了问题解决能力，社会自我成长使自我实现自由意志进入成熟阶段。

对于自我实现自由意志进入成熟期的个人来说，自我实现自由意志与外界环境无关，发挥稳定作用，使个人进入完全自我实现阶段。完全自我实现是个人自我和社会自我的同时实现，完全自我实现的行为特性如下：

①正确感知实体。
②具有自发性行为倾向。
③更关心问题的解决。
④具有友好的幽默感。
⑤和少数人有着很深的爱和纽带感。
⑥学习能力持续开发。
⑦伦理意识强。
⑧具有创造性倾向。
⑨经常体验巅峰经验或感觉。
⑩感知能力持续提高。

行为的价值化、完全机能行为及完全自我实现行为要素被称为完全自我实现能力3要素。完全自我实现能力的自生性增长依赖于完全自我实现能力3要素的正三角形动态均衡。

行为的价值化增强了社会自我认同感和问题解决能力的创造，成就行为是完全自我实现行为的外在诱发动机。完全机能行为强化了个人自我的认同感，开发创新能力，诱发实现完全自我的内在动机。完全自我实现行为要素使个人对完全自我实现持肯定态度，并进行完全自我实现行为，激活了行为的价值化和完全机能行为。

自我实现自由意志的成熟，促进了完全自我实现能力3要素的活性化，诱发个人完全自我实现，是完全自我实现自由意志的成熟阶段。如果自我实现自由意志达到自己的目的，自我实现自由意志就会丧失正体性而进入衰退阶段。

8.1.4 自我实现自由意志的衰退期

自我使人们认清自身的本质，为体现本质发挥主导作用。为此，自我制造欲望，形成动机，自我设定指向的目的。欲望不仅关乎缺乏，而且关乎新的飞跃。自我实现自由意志越成熟，自我激发的欲望就越满足，满足的欲求弱化了正体性。正体性减弱的欲望无法实现新的自我实现动机。这样褪色的欲望无法成为实现自我的线索。在这种情况下，自我实现自由意志走向衰退期。

自我实现自由意志的衰退期，是创新能力不显现的潜在能力阶段。意志是自由的选择和自制行为永不间断的决心。自我实现自由意志是个人以自制行为为基础，迈向创新能力开发5阶段的能力。

8.2 自我实现自由意志循环和创新行为特性

8.2.1 自我实现自由意志周期性循环和组织性行为

自我实现自由意志是个人及社会自我调节在和睦的关系中，创新系统被激活时形成的。正如所指出的，自我实现的个人自我是以包含在创新系统中的自我实现倾向性为标准形成的。社会自我则是以价值条件为基础形成的。个人及社会自我是社会在相互作用下发展，在人生过程中发生很多变化而形成的个人及社会自我。

新形成的个人自我设定了新的目的，与创新能力结合起来，形成新的自我实现自由意志。新形成的自我实现自由意志创出了自我实现自由意志的寿命周期循环。在这个过程中，个人自我成长的情况下，追求行为的价值化，与社会自我建立了和谐的关系。个人自我和社会自我实现协调的情况下，个人走向新的完全自我实现。

在我们的生活中，自我实现自由意志循环是持续进行的。这寓意着自我实现自由意志的周期性循环。自我实现自由意志的周期性循环是自我实现自由意志的形成、成长、成熟及衰退阶段有规律地重复的过程。自我实现自由意志的周期性循环在个人的人生中意味着创新能力开发 5 阶段有规律的反复。

自由意志周期性循环是指个人的创新能力终其一生，连续性、累积性地增长。在这个过程中，自我重新形成后设定新的目标，并实现这个目标。因此，自我实现并不是一次性的，而是通过一生去实现的连续的过程。为此，我们必须具备自我实现自由意志。

自我实现自由意志的周期性循环是自我实现自由意志的变动，不仅具有很高的预测可能性，而且因为自我实现可以诱导自我实现自由意志，所以，个人可以轻松完成完全自我实现。因此，为了实现自我和谋求持续的成长和发展，个人应努力实现自我实现自由意志的周期性循环。

自我实现自由意志进行周期性循环的情况下，个人能够持续走向自我成就的人生。自我实现自由意志的短期循环周期为 3 年，长期循环周期为 15 年。因此，为了个人持续的自我成就，个人根据这种循环周期，通过学习和体验，获得积极的新价值，并形成自我实现自由意志，以此实现周期性循环。

自我实现自由意志是为了完全自我实现而将自己组织化的能力，使个人走向创新能力开发 5 阶段。因此，自我实现自由意志引发的行为是有组织倾向性的行为。即自我实现自由意志诱发有组织倾向性的行为。有组织倾向性的行为在行动之前就已经明确了目标，能够持续很长时间。因此，具有组织倾向性的行为能够形成集团或组织。

8.2.2　自我实现自由意志的非周期性循环和非组织性行为

自我实现自由意志的非周期性循环是自我实现自由意志的形成、成长、成熟及衰退的一系列阶段不规则或多阶段出现。在这种情况下，由于自我实现自由意志的循环不规律，个人无法迈向创新能力开发5阶段。即使暂时性地迈向完全机能或完全自我实现，但无法持续地完成自我实现。

个人的想法或行为在权力的非合理性条件下一旦被支配，创新能力就不会显现。因此，自我实现自由意志不能因外部压力或故意意图而起作用。当个人为非合理性条件所支配时，自我实现自由意志进入非周期性循环。

情绪上痛苦的记忆和欲望被抑制，内在于无意识。无意识是人类不能感知的心灵领域，但会持续地对行为产生影响。在权力非合理性条件下被支配而无法激活的自我实现自由意志被抑制并进入一个无意识的世界。

当遇到被无意识所抑制的自我实现自由意志可以发挥作用的环境时，自我实现自由意志则会在意识的世界里表现出来，并付诸行动。

被无意识所抑制的自我实现自由意志行为表现出了非组织性倾向。非组织性倾向的行为是偶然地随着时间的流逝而自然、纯粹地表现出来，但有时也会转变为向原有的行为相反的方向发展。举例来说，人们学习了以道德或伦理为依据而进行行为，但当生存面临威胁时，也有可能做出与之相反的行为。

非组织性倾向行为中不表现出来的部分能够潜在于人的内心深处，从而形成个人文化或者作为集体文化而存在。非组织性倾向行为在表现出来后，能够创出合理性或名分。因此，这种行为的连贯性低，复杂性与混乱增加，坚固性减少。

非组织性倾向行为为了生存本能地形成或通过学习也可以形成。举例来说，幼小的孩子看到母亲的乳汁就吸食，或人们看到蛇就讨厌的行为是本能的，这就是非组织性倾向行为。还有伦理、道德、信任等非可视性权力引发的行为，通常都是由学习形成的非组织性倾向行为。这种非组织性倾向行为大多属于长期行为。

正如我们指出的，人类的行为是以自我实现自由意志的循环类型（或权力非合理性条件的支配模式）为依据而表现出来的组织性倾向或者非组织性倾向行为。组织性倾向行为是合理性的，名分坚固，能够长期维持。有组织性倾向行为在不受权力的非合理性条件支配的情况下得到诱发。相比之下，非组织性倾向行为是一致性低、复杂性和混乱性增加，而坚固性不足的。

这种非组织性倾向行为，因权力的非合理性条件而加以遏制，往往由坚强的意志所诱发。成就导向或自我实现的行为是具有组织倾向性的行为。

自我实现自由意志的形成过程为权力的非合理性条件所支配的情况下，会诱发不正常的行为。但是，这种不正常的行为在领导或情感或从众心理被理念所取代的情况下，仍会依据权力属性的作用实现周期性循环，如上所述，让个人感知到自己的本质，并力求构建自己的本质。因此，自我实现自由意志进行非周期性循环时，个人能够实现自我成长，引导自我实现自由意志，诱发自我实现自由意志的周期性循环。

个人自我实现自由意志受外部权力或环境影响无法发挥作用时，为了克服这种影响，最好实现自我实现自由意志。自我实现自由意志是自我实现自由意志3要素，即自我实现价值学习、自我实现倾向性和个人的自我净化在相互作用的影响下，自发成长的结果。

第九章 自我实现自由意志的自生性成长

正如所指出的，自我实现自由意志的周期性循环促进了个人创新能力的不断发展。因此，对于个体而言，自我实现自由意志的周期性循环能够持续一生，来开发个人的创新能力。为了实现自我实现自由意志在一生中的循环往复，我们必须具有自我实现自由意志的自生性成长能力。在这里，我们将了解自我实现自由意志的自生性成长能力。

9.1 自我实现自由意志自生性成长模型

自我实现自由意志是通向个人和社会自我实现，即完全自我实现的通路，而完全自我实现在个人自我与社会自我和谐一致的情况下才会实现。

在我们的实际生活中，价值观的条件会影响我们的行为。我们都知道，我们的一些情绪和行为可以了解什么是合适的，什么是不合适的。

与自我实现倾向性的评价一致时，我们才能够与真实的自我，即个人自我相接近，从而迈向自我实现。在这种情况下，我们的社会自我和个人自我处于一种和谐的状态。

自我实现的价值观或行为特征被认为是自我实现倾向的参考框架。学习是指行为的相对永久性的改变。当我们学习自我实现的价值观或行为特征时，我们的行为就变成了自我实现。与自我实现倾向性的评估一致，个人和社会自我是和谐的关系，密切或有连贯性。在这种情况下，不仅能够实现个人自我与社会自我的和谐，还能够激活自我实现倾向性。

个人在摆脱了权力的非合理性条件束缚的情况下，也就是自我净化，创新系统被激活的情况下，进入自我主导性能力阶段。由前面内容可知，人们会追求成就行为。在这种情况下，自我实现的倾向性更加活跃，创新系统是开放的。个人日常生活中追求成就行为会诱发自我净化。因此，自我实现价值学习、自我实现倾向性、个人自我净化之间存在着相互作用的关系。

自我实现价值学习、自我实现倾向性与个人自我净化被称为自我实现自由意志3要素。自我实现自由意志3要素通过相互作用形成自我实现自由意志。

自我实现价值学习使意志的方向向完全自我实现的方向迈进，并协调个人和社会自我实现的倾向，为形成自我实现自由意志创造了动力，同时促进了自我净化。个人的自我净化激活了自我实现倾向性，并指引了自我实现价值学习的方向。

人类的生物、心理或精神成长是自愿的或自我主导性的。当自我实现自由意志3要素处于等边三角形动态平衡时，个体的自我实现自由意志促进自我形成和成长。对于自我实现自由意志等边三角形的动态平衡，人们必须满足以下条件才能实现自我实现自由意志的自生性成长。

(1) 正体性条件

自我实现自由意志3要素的正体性越强，它们各自为了实现自己的价值而创出行为的动机就越强。也就是说，自我实现自由意志3要素的正体性越大，就越倾向于实现自己的价值，并创造行为的动力。自我实现自由意志 3 要素的正体性条件是与人们各自的正体性对等的。

(2) 活性化条件

自我实现自由意志 3 要素的激活表明它们的活动性。自我实现自由意志 3 要素的激活取决于人们的正体性和态度的结合。当自我实现自由意志 3 要素被激活时，它们就表现出更强的活动性。自我实现自由意志 3 要素的活性化条件是与对应的激活水平有关的。

(3) 影响力条件

自我实现自由意志 3 要素的影响体现在行为的流程中。自我实现自由意志 3 要素的影响越大，人们越会沉浸在行为中。自我实现自由意志 3 要素的影响力与正体性和活动性的结合有关。自我实现自由意志 3 要素的影响条件与其影响程度有关。

自我实现自由意志的自生性成长条件是自我实现自由意志 3 要素能够满足正体性条件、活性化条件和影响力条件中的至少一项时才能够实现的。在这种情况下，自我实现自由意志能够实现自生性成长。当自我实现自由意志 3 要素实现了等边三角形的动态平衡时，个人的自我实现自由意志会定期循环，并在这个过程中，经历个人生活的创新能力开发 5 阶段。

9.2 自我实现自由意志3要素的正体性和动机形成

参考系是定义和判断个人的一组价值观。它涉及判断经验、知识或感觉的价值的标准。因此，参考系支配着个人的思想或行为。学习是个人的思想或行为的近乎永久性的改变。因此，当个人学习了特定的价值时，就意味着参考系发生了变化。

参考系的改变意味着个人新正体性的形成。正体性的形成是基于参考框架的。因为参考系发生了变换，因此，为了形成针对个人正体性的个体的自我实现自由意志 3 要素，必须进行针对性的再学习。

学习只有当行为的后果对学习者有利或有益的时候才会被诱发。因此，为了有效地学习自我实现自由意志 3 要素，个人应该首先认知到在人生中，个人自我实现自由意志的意义和价值，并理解自我实现自由意志 3 要素的作用。在这样的情况下，个人有意识地进行努力，力求实现对自我实现自由意志 3 要素的有效学习。

人的意识由意识、前意识和无意识组成。意识是我们感知到的心灵领域。前意识是现状没有感知到，但有意识的头脑很容易感知到的头脑的区域。无意识则是由意识无法触及的记忆、冲动和欲望组成的。意识和无意识并不是孤立的，但它们之间存在持续的相互作用。意识从无意识中生长，无意识是意识的矩阵，是生活中新可能性的起源。

一个人有意识地或积极地努力学习自我实现自由意志 3 要素时，自我实现自由意志得以形成，并走向了自我主导性行为。此外，自我主导性行为是个人的自我净化，通过激活和开发自我实现倾向性，来实现个人有意识或无意识的自我实现自由意志的增长。在这些情况下，自我实现自由意志 3 要素的正体性在人体内得到强化。

正体性赋予个人一种正体性感、连续性和整体感，涉及个人的生活质量，即使有时他/她没有意识到这一点。自我实现自由意志 3 要素的正体性使得个人意识到自身价值，并成为实现其价值的主导因素。在实施过程中，每个人都为实现自己的价值观创造了动力，并设定了使命。因此，具有既定正体性的自我实现自由意志 3 要素会创造动力并设定目标。

9.3 自我实现自由意志3要素的激活

态度是针对一个对象的正面或负面的评价，这些评价能够影响一个人的行为。态度由认知、情感和行为要素三部分组成。认知要素与人们对态度客体的认识和信念有关，情感要素与对客体的情绪有关，行为要素与客体特有的倾向性有关。因此，即使有特定行为的动机，如果态度是消极的，该行为也不会发生。也就是说，活动取决于动机和态度的结合。

正如所指出的，具有既定正体性的自我实现自由意志3要素为自己创造动力并为自己设定目标来实现自己的价值。因此，为了促进自我实现自由意志的形成，个人必须对自我实现自由意志3因素抱有积极的态度和情绪。

态度的形成取决于自我认知、学习或对一致性的需求。当一个人对特定对象没有明确的态度意识时，可以通过回忆过去与该对象相关的行为来了解其态度。例如，如果你对骑自行车的态度模棱两可，可以回想你过去经常骑自行车的经历，那说明你对骑自行车的态度是积极的。通过观察自己的行为而形成的态度称为自我知觉效应。因此，如果个体行为中自我实现自由意志3要素的特征是频繁出现的，就说明你对此抱有积极的态度。

然而，如果一个人对自我实现自由意志的态度是模棱两可或较弱时，你可以通过行为诊断来观察自己对自我实现自由意志的态度。当对自我实现自由意志的态度是消极的时，就应该学习自我实现自由意志3要素的相关知识了。因为，学习是个人行为中最重要的部分，意味着永久的改变，能够形成某种态度。

人们寻求态度之间或态度与行为之间的一致性。对于这种一致性的追求被称为一贯性追求。为了让别人认为自己是一个理性且言行一致的人，人们往往协调不同的态度和态度与行为间的关系。当这样的协调无法实现时，就形成了认知失调。这些内在权力可以改变态度或行为，并发展成新的认知来合理化这种不一致性。

个体对自我实现自由意志3要素的影响大小各不相同。当感知到时会发生认知失调，并为了实现它们之间的一致性诱发某些欲求。为了实现一致性而产生的这些欲求为维持自我实现自由意志3要素的均衡状态诱发了态度或行为的变化，或为了克服认知失调而开发了新的认知。

9.4　自我实现自由意志3要素的影响力

　　权力的相互作用创造了权力的结合。权力结合是以具有较大影响力的权力为中心的，它被称为权力的核，其余的称为权力的周边部分。一个组织的核能够支配周边部分，周边部分归属于权力核。因此，组织核的价值就是组织的主导价值，周边部分为组织核所支配。

　　权力的影响力是加速度和质量的乘积。自我实现自由意志3要素的加速度与它们的激活水平有关，它们的质量与正体性有关。因此，自我实现自由意志3要素的影响力与它们的激活水平和正体性有关。正如所指出的，自我实现自由意志3要素处于互动关系中，并且它们以影响力较大的要素为中心进行相互作用。因此，自我实现自由意志就是自我实现自由意志3要素的结合体。

　　在自我实现自由意志3要素的组合中，影响较大的因素成为自我实现自由意志的核心，其余元素构成其周边部分。自我实现自由意志的核心价值是自我实现自由意志的主导价值，其周边部分是支持主导价值的。因此，自我实现自由意志的特征与自我实现自由意志的核的价值有关。

　　例如，在自我实现自由意志3要素中，自我净化的影响力最大。在这样的情况下，自我净化成为了自我实现自由意志的核心，其他因素是周边部分。

　　但是，完全机能并不是总能迈向完全自我实现。因为，完全自我实现是个人自我与社会自我之间的和谐关系。

　　如果你学习了自我实现的价值或行为特征，那么自我实现的价值就是几乎作为一个框架，以自我实现的价值为基础的社会自我形成过程。这种社会自我不仅与个人自我和谐一致，而且它是形成自我实现自由意志的基础。这些社会自我与个人自我相结合，使个体达到完全自我实现。因此，为了走向完全自我实现，自我实现价值学习作为自我实现自由意志的核心是不可取代的。

权力的影响力取决于它满足其接受者的需要或价值观的程度。即我们越是满足他人的需求或价值观，我们的影响力就越大。此外，权力的影响力还与行为的投入程度有关。因此，自我实现自由意志3要素的影响越大，它们的相互作用就越多，从而使个人投入自我实现自由意志形成的过程之中。

当自我实现自由意志3要素处于等边三角形动态平衡时，自我实现自由意志的周期性循环得以实现，个人创新能力得到持续开发。因此，为了不断发展我们的创新能力，应该通过对自我实现自由意志3要素的诊断，来实现三角形动态平衡状态。

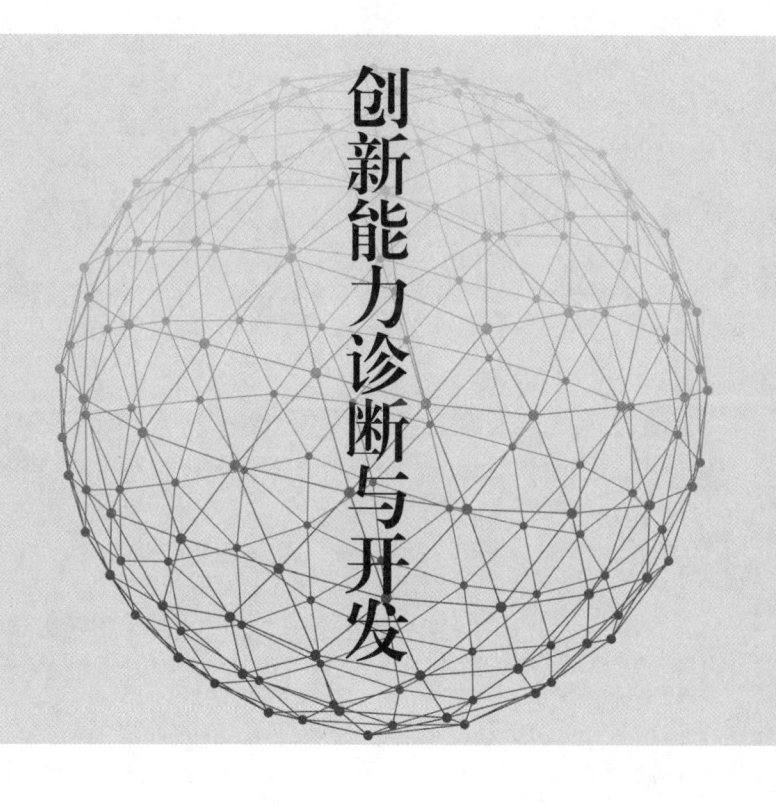

第三部

创新能力诊断与开发

第三部 创新能力诊断与开发

第十章 个人的创新能力诊断与开发

去除了权力的非合理性条件的影响，我们就能够通过创新能力开发5阶段，走向自我实现。PSAD能够诊断出诱发创新能力和权力的非合理性条件的个人和环境因素，为个人展示了进入创新能力开发5阶段的过程。本章介绍PSAD创新能力诊断的原理、结构和诊断过程，我们能了解到以创新能力开发为目标的自主性学习方案。

10.1 PSAD和创新能力诊断

PSAD（Prime Self-Actualization Diagnostics）创新能力诊断系统是个体以自我实现自由意志生命周期各个阶段为基础，对个人的创新能力进行诊断和开发的自主性学习方案，是个人迈向创新能力开发5阶段的诊断和学习系统。

PSAD包括了个体的自我实现能力诊断方法（韩国专利号：10-1542200）和自我实现领导能力诊断系统及诊断方法（韩国专利号：10-1464289）。它能够将诊断结果转换为定量指标，诊断结果对行为的预测能力至少为85%。PSAD系统的特点和内容如下：

10.1.1 个人自我实现自由意志循环能力的诊断

自我实现自由意志的循环能力取决于自由意志的等边三角形动态平衡。自我实现自由意志 3 要素的等边三角形动态平衡表明它们在正体性、活性化和影响力方面的条件都已得到满足。

PSAD 是关于个人自我实现自由意志 3 要素的自我报告，同时以自我实现自由意志 3 要素的正体性、活性化和影响力条件为基础，对个人的自我实现自由意志周期性循环能力进行诊断。同时，PSAD 还能够诊断个人的意志类型（例如，自我实现自由意志或自我实现学习意志）并提出针对自我实现自由意志形成的自我主导性学习方案。

10.1.2 个人创新能力诊断

当对自我实现自由意志 3 要素，自我主导性能力 3 要素和完全机能能力与完全自我实现能力 3 要素的等边三角形的动态平衡条件进行诊断时，我们能够了解到自己的创新能力位于创新能力开发的哪个阶段，进而提出创新能力开发的具体方案。

因此，我们将自我实现自由意志 3 要素，自我主导性能力 3 要素和完全机能能力与完全自我实现能力 3 要素统称为创新能力开发要素。PSAD 从基于创新能力开发要素的个人自我诊断报告出发，测定这些要素的正体性、活性化和影响力，并据此判断个人处于创新能力开发 5 阶段的哪个阶段，并为向更高阶段迈进提供自我主导性学习方案。

10.1.3 个人根源性创新能力的诊断

个人根源性创新能力由独创性、差别性、共感性、领导力和适应性创新能力组成。PSAD 能够提供关于创新能力的自我报告，据此对个人的根源性创新能力进行诊断，并提出开发根源性创新能力的自主性学习方案。

10.1.4 个人权力非合理性条件的诱发原因诊断

在个人的思想和行为中，当我们对自我实现自由意志 3 要素和成就社会行为要素的模式进行诊断时，能够了解到个人自我和社会自我的一致性程度，以及权力的非合理性条件对个人的影响程度。不仅如此，个人自我和社会自我的一致性程度还决定了创新能力开发要素在个人思想和行为中的表现形式。

因此，PSAD 从关于创新能力要素和成就社会行为要素的个人自我报告出发，测定它们在个人思想和行为中的表现形式，并研究作用于个人的权力非合理性条件的诱发要素，并以此为依据提出去除权力的非合理性条件影响的自我主导性学习方案。

10.1.5 自我主导性学习方案的提出

个人想要进入特定的创新能力开发阶段，就必须进行针对该阶段的创新能力开发要素的自我主导性学习。例如，处于自我主导性能力阶段的个人想要进入完全机能能力阶段的话，必须对完全机能能力 3 要素进行学习。PSAD 以创新能力开发 5 阶段为基础，为个人提供量身定做的创新能力开发方案。这样的学习，根据学习内容的不同，可以分为先天性创新能力开发和后天性创新能力开发两种。

自我主导性学习能够诱发关于学习的内在动机，能够形成积极的学习态度，当学习者投入学习之中时，能够提高学习效果。正体性能够诱发内在动机，活性化包含了态度的因素，影响力则与行为的投入程度有关。PSAD 以针对自我实现自由意志 3 要素，自我主导性能力 3 要素和完全机能能力与完全自我实现能力 3 要素的正体性、活性化和影响力诊断为基础，通过个人创新能力开发的内在动机诱发、积极性态度和学习投入程度来提出提高学习效果的方案。

10.1.6　创新能力开发的自我主导性学习成果测定

学习意味着近乎永久性的行为变化。因此，学习就意味着对于这种行为的自发性发现。自发性行为是由内在动机诱发的，而内在动机又是以正体性为依据而发现的。因此，在自我主导性学习的过程中，学习的对象一旦形成正体性，就意味着行为的近乎永久性变化已经形成。

10.1.7　个人能力诊断

个人能力往往表现为天赋、认知能力、感知能力、资质和能力等，同时也表现为解决问题的能力或情商，而权力属性则是以本能的形式或者潜在归属的形式，内在于个体之中的。

PSAD 从针对能力的自我报告出发，对个人的才能，认知能力，智能、感觉能力、性格、问题解决能力和情商进行诊断，并以此为基础，对这些要素进行开发，提出自我主导性学习方案。

在我们学习 PSAD 的创新能力诊断及以此为基础的创新能力开发原理和实践方案时，我们同时通过自我主导性努力开发了自身的创新性，并向完全自我实现迈进。不仅如此，我们还了解到了自身先天性创新能力和后天性创新能力的开发水准。

因此，基于 PSAD 的创新能力诊断对于我们的创新能力与自我实现能力开发具有重要的意义。

10.2　PSAD创新能力诊断系统的结构

PSAD 创新能力诊断系统基于自我实现自由意志生命周期可以分为创新能力的简便诊断、一般诊断和精密诊断三种。

10.2.1　PSAD简便诊断

PSAD简便诊断是关于自我实现自由意志和自我主导性能力的自生性成长能力的诊断，内容如下：

· 通过自我实现自由意志3要素（自我实现倾向、自我实现价值感知、个人的自我净化）的正体性、活性化和影响力的诊断，来实现对于自我实现自由意志的自生性成长能力的诊断。

· 通过对自我主导性能力3要素（自我实现倾向性，自我实现的价值学习和自我主导性行为）的正体性、活性化和影响力的诊断，实现对于自我主导性能力的自生性成长能力的诊断。

· 对自我主导性能力要素的行为模式进行分析，诊断它们的安定性和可持续性，并对权力的非合理性条件诱发原因进行诊断。

自我主导性能力是自我实现自由意志形成期的行为特性。简便诊断中将其划分为以下几种个人行为特性：

· 个人的意志类型（自我实现和成就指向型自由意志，自我实现和潜在学习意志）的大小

· 创新系统的活性化程度

· 自我主导性能力的自生性成长能力

· 自我实现自由意志的自生性成长能力

· 自我实现自由意志形成的必要学习内容

10.2.2　PSAD一般诊断

PSAD一般诊断是针对完全机能能力的诊断，其内容如下：

· 完全机能能力的自生性成长能力诊断

· 影响完全机能能力个人和环境要因诊断

· 完全机能能力3要素的行为方式诊断

·根源性创新能力诊断

·关于完全机能能力3要素的个人态度诊断

·权力的非合理性条件诱发原因诊断

完全机能能力是在自我实现自由意志的成长期产生的，PSAD一般诊断将其归纳为以下几种行为特性：

·完全机能行为类型（完全机能，外在性行为、内在性行为和不完全行为）

·先天性创新能力的激活水平

·完全机能行为的自生性成长能力

·成就行为与成就社会行为的形式

·个人自我实现的内在和外在动机

·为实现个人自我实现的努力

·完全机能行为的学习内容

10.2.3　PSAD精密诊断

PSAD精密诊断是与问题解决能力和完全自我实现能力相关的诊断。其内容如下：

·完全自我实现能力和自生性成长能力的诊断

·分析完全自我实现能力3要素的行为模式，诊断其安定性和可持续性

·问题解决能力诊断（评价行为的能力）

·后天性创新能力开发与诊断

·权力5属性的正体性、活性化与影响力诊断

·个人的性格、才能、个性与领导力类型诊断

·关于完全自我实现能力3要素的个人态度诊断

·权力的非合理性条件诱发原因诊断

完全自我实现能力是自我实现自由意志的成熟期表现出来的,PSAD精密诊断中体现为以下几种行为特性:

- 先天性创新能力和后天性创新能力的激活水平
- 问题解决能力
- 自我实现的类型和大小
- 完全自我实现能力的自生性成长能力
- 行为的价值与方式
- 权力5属性的作用形式
- 个人才能、性格、个性等
- 完全自我实现的内在和外在动机水平
- 对完全自我实现的态度和投入程度
- 情商的类型

10.3　PSAD创新能力诊断的流程

个人的创新能力是以自我实现自由意志生命周期为标准,通过创新能力开发5阶段来进行的积累性的开发与成长。除此之外,当个人的创新能力能够实现自我实现自由意志的周期性循环时,其一生将实现累积性的成长。

PSAD是关于自我实现自由意志的自生性成长能力和自我主导性能力的诊断。一般诊断是关于完全机能能力的诊断,精密诊断是关于问题解决和完全自我实现能力的诊断。PSAD创新能力诊断能够帮助我们定位处于创新能力开发5阶段的哪一个阶段,并且为进入下一个阶段提供自我主导性学习方案。

10.4　PSAD和创新能力开发方案

我们为了顺利地进入创新能力开发 5 阶段，必须自主性学习创新能力开发要素的相关知识。自主性学习的特征是学习的动机强，态度积极，投入程度高，因此，学习效果也非常显著。

PSAD 创新能力诊断系统考虑到学习者的学习动机，态度，学习活动和学习的投入程度。在此过程中，学习者为了实现创新能力开发而谋求自我主导性学习。

10.4.1　正体性指数与自我主导性学习的内在动机

动机是迫使个人为特定目的而进行行为的内在驱动力，以驱使行为朝着某个方向的内部状态为标准，动机可以分为内在动机和外在动机。

外在动机是由奖励或表扬等外在激励因素驱动的。当外在激励被移除时，外在动机的自主性学习也不再被诱发。外在激励也能够消解内在价值，因为这些激励会破坏人们因自己选择东西而产生的价值感。相比之下，个人控制和能力使人们能够实现自己感觉良好，并激发他们的创造性工作（Lefton，2005）。

内在动机不受外在动机的驱动，它通过自我改变来追求自我满足和喜悦。通过内在动机的行为是自发的。人们利用内在的动机去诱发"活动令人愉快"或"它提供的挑战感"时，能够按利益行事。内在动机是基于一个人的兴趣和能力，在此过程中，追求适当的挑战，并掌握一种趋势。内在动机源于心理需要和对成长的追求（Deci & Ryan, 1985）。

正如所指出的，正体性是一个人的自我，体现了一个人的本质。自我激励正是由个人正体性引起的动机。因为，个人的正体性是实现自身价值的关键。自我实现 3 要素中，正体性是较高的激发内在动机的因素。因此，对于创新能力的发展或自我实现自由意志的形成和成长，自主性学习侧重于这些元素中具有较大一致性的元素。

在 PSAD 中，自我实现自由意志 3 要素，自我主导性能力 3 要素，完全机能能力与完全自我实现能力 3 因素的一致性指数均在 0.35 以上时，这些因素会为实现自己的价值创造内在动力。

10.4.2　活性化指数与自我主导性学习行为水准

动机是产生行为的内在驱动力，是人为了某种目的而朝某个方向行事的内在意向。动机是行为的线索。但是，这并不意味着仅仅具有动机就一定能够诱发行为。例如，学生有学习的动力，但并不是所有的学生都努力学习。还有，并不是正体性指数低于 0.35 就不能够诱发行为。这是因为，行为是由动机和态度的相互作用诱发的，仅有动机而态度消极是不会引起任何行为的。

自我实现自由意志 3 要素，自我主导性能力 3 要素，完全机能能力与完全自我实现能力 3 要素的活性化指数意味着针对特定要素的行为努力。在 PSAD 中，当所有这些因素的正体性指数都低于 0.35 时，学习者优先考虑这三个因素中活性化指数最大的要素。

10.4.3　影响力指数和自主学习的投入程度

影响力与行为的投入程度有关。因此，自我实现自由意志 3 要素，自我主导性能力 3 要素，完全机能能力与完全自我实现能力 3 要素的影响力意味着以某个特定要素为基础而进行的行为投入。也就是说，因子的影响指数越大，该因子的行为的投入程度就越高。投入是对于特定的事情产生热情，并且持续地产生想法，提高业务成果，自信感得到增强的行为。投入是感受到愉快的状态。脑子非常喜欢的一种环境状态。PSAD 认为，自我实现自由意志 3 要素，自我主导性能力 3 要素，完全机能能力与完全自我实现能力 3 要素的影响力指数大于 15.36 时，就可以诊断为个人对于某个特定要素的行为的投入程度高。

活动性高与对于某个特定事物的投入程度高是两码事。例如，我们正在读书，并不意味着我们投入读书这件事之中。投入读书这件事意味着对于读书的内容非常感兴趣，精力集中，体会到其中的乐趣。

自我实现自由意志 3 要素，自我主导性能力 3 要素，完全机能能力与完全自我实现能力 3 要素不存在的情况下，应该优先学习影响力指数较高的内容。

如前所述，个人的创新能力是通过创新能力开发 5 阶段，即自我通过自我主导性能力阶段，完全机能能力阶段，问题解决能力阶段和完全自我实现能力阶段与潜在能力阶段，多年来不断地、累积地发展壮大的结果。此外，自我主导性学习效果在对于学习的内在动机强烈，态度积极，投入程度高时得到提升。因此，当我们想要进入创新能力开发 5 阶段的特定阶段时，我们必须能够把握通过 PSAD 诊断获得的，进入这些阶段的创新能力开发 3 要素的正体性、活性化和影响力指数，并在其中选择指数数值较高的要素进行优先学习。

10.4.4　行为定位与自我主导性学习态度

PSAD 能够测定自我实现自由意志的自发增长能力，展示自我主导性能力、完全机能能力和完全自我实现能力 3 要素在个人思想和行为层面上的表现形式，并究明权力的非合理性条件的诱发原因。PSAD 将这些行为模式描述为行为定位，并将（XX-YY-ZZ）称为行为定位指数。PSAD 的这些行为定位基于自我实现自由意志 3 因素、自我主导性能力 3 要素和完全机能能力与完全自我实现能力 3 要素的表现类型，其中包含了个人态度。

正如所指出的，态度取决于对对象的正面或负面评价，能够影响人类行为、认知、情感和行为，由认知性、情绪性和行为性要素构成。因此，自我实现自由意志3要素，自我主导性能力3要素和完全机能能力与完全自我实现能力3要素的行为定位可以从与它们有关的个人的认知性、情绪性、行为性侧面获得。对于学习者而言，只要抱有积极的态度，就能获得关于这些要素的较高的自我主导性学习效果。

标准行为定位的行为定位指数是（30-50-20）。PSAD根据标准行为定位将自我实现自由意志3因素、自我主导性能力3因素和完全机能能力与完全自我实现能力3要素的行为定位划分为规范的行为定位、歪曲的行为定位和两极化的行为定位。PSAD以此为依据，对关于这些要素的个人行为方向性与态度进行诊断，为创新能力的开发提供自我主导性学习方案。

（1）规范的行为定位

规范的行为定位是接近标准行为定位（30-50-20）的行为定位。行为定位越接近标准行为定位（30-50-20），相应的以行为定位为依据的行为特征就能更稳定地表达，频率为其所属的人口统计学群体的平均水平。因此，位于规范的行为定位中的个人，其创新能力开发的自我主导性学习更为稳定，且具有较高的环境适应能力。

位于规范的行为定位中的个人展示出个人自我与社会自我互相调和的倾向。如前所述，当个人自我与社会自我相调和时，人会抱有较为积极的想法，逐渐迈向完全自我实现。因此，位于规范的行为定位中的个人能够有效地摆脱权力的非合理性条件的束缚。

（2）歪曲的行为定位

歪曲的行为定位是行为定位中（XX）和（ZZ）的任意一项出现了缺失的情况（例如80-20-00）。这种情况虽然也会在个人所处的人口统计学集团中频繁出现，但是在某些情况下会出现弹性不足或柔软性缺失的情况。歪曲的行为定位会呈现出个人行为为个人自我或社会自我中的某一个所支配的现象。

被社会自我支配其行为方向的个人会走向社会性自我实现。但这样的个人往往会出现社会自我与实际经历间不相调和的情况，从而引起他们的威胁感与不安。因此，他们经常在创新能力开发学习中遇到不和谐的情况，这也正是他们为权力的非合理性条件所支配所造成的。为社会自我支配其行为方向的个人更加需要以自我主导性学习为目标的外在动机赋予。

为个人自我支配其行为方向的个人往往走向个人性自我实现。此外，往往表现出基于创新能力开发的自我主导性学习的热情。但是，社会性自我开发不足，有时会因为缺乏目标而实施以自我为中心性的行为。在这种情况下，为了维持有效的自我主导性学习，往往对其实施关于自我实现价值的相关教育。

(3) 两极化的行为定位

两极化的行为定位表现指数（YY）较低，同时，（XX）和（ZZ）指数较高（例如 40–20–40）。行为定位越接近两极化，由该因素决定的个人的行为特性就更加两极化，从而失去一致性，信赖性也比较低。因此，在两极化行为定位的情况下，经常出现个人自我与社会自我不调和，或个人自我和社会自我均不能得到成长的行为倾向。

具有个人自我和社会自我不协调行为倾向的个人常常在进行创新能力开发的自我主导性学习时表现出不安定的态度，不能适应环境的变化，具有顽固的防御倾向。这说明他们已经被权力的非合理性条件所支配。为了使这样的人能够顺利地进行自我实现自由意志 3 要素的自我主导性学习，必须对他们进行外部动机赋予，同时学习自我实现的意义和价值。

10.5　PSAD与创新能力开发效果

在基于 PSAD 创新能力诊断的创新能力开发 5 阶段的特定阶段里，为了顺利地进入下一个阶段，个人必须进行自我主导性学习。这个学习过程的效果初期是 3~4 个月能够达到 10%~20%，接下来是 5~6 个月，能达到 0%~5%，最后是 6~7 个月能达到 10%~20% 的效果倾向。举例说明，位于潜在能力阶段的个人想要进入自我主导性能力阶段时，他的自我主导性学习效果在最初的 3~4 个月能达到 10%~20%；接下来的 5~6 个月达到 0%~5%，最后 6~7 个月达到 10%~20% 的倾向。

因此，我们将从创新能力开发 5 阶段的特定阶段进入下一阶段的初期 3~4 个月称为导入期，5~6 个月称为正体期，6~7 个月称为成长期。我们为了从创新能力开发 5 阶段的某一个阶段进入下一个阶段，必须持续进行自我主导性学习。所以，这样的导入期、正体期和成长期是反复有规律地出现的。

如果我们要成为某一个特定领域的世界级专家，需要 10,000 小时的练习。在特定领域连续且有规律的人类努力，发展了我们后天的创新能力。例如，天才哲学家康德和科学家爱因斯坦以追求有规律的生活而闻名。职业棒球运动员或高尔夫球手如果不能始终如一地定期练习，就会丧失先前已有的运动能力。他们的这些努力都发展了他们在自己领域的后天性创新能力。

如前所述，自我实现自由意志的周期性循环，即自我实现自由意志生命周期的有规律的重复，推动个人向创新能力开发 5 阶段不断迈进。当一个人由创新能力开发 5 阶段的某个阶段向下一阶段迈进时，必然追求自我主导性学习，从而使自己的创新能力得到持续的成长。个人的创新能力在一生之中是连续性、积累性成长的。因此，我们为了开发自己的创新能力而持续进行有规律的自我主导性学习，就能够实现理想的人生状态。

10.5.1　创新能力开发就是发掘先天性和后天性才能

才能是个人的天资或能力，是未来发展的基础。如前所述，这样的才能与创新系统和学习图式之间的相互作用有关。在才能的成长过程中，占支配性地位的权力属性通过遗传的方式将才能传达给后世子孙。

每个人都至少从父母或祖先那里继承了一项才能。但是这样的才能的形成与发现则是由创新系统的开放完成的。也就是说如果创新系统无法得到开放，即使具有很好的遗传性才能，也无法发展为真正的才能。因此，创新能力既与遗传而来的先天性才能的发现有关，也与后天性才能的开发有关。

10.5.2　创新能力开发可以提高认知能力

权力5属性拥有各自固有的认知能力。权力5属性通过自身具备的认知能力理解环境，并感知环境对于自身或者自身对于环境的影响作用。这样的权力5属性在特定的环境下能够自由地、有意识地发挥作用，对于人类的生存而言，是大有裨益的。

自我实现倾向性会激活权力属性，而它们在特定的情况下，实现最合理的同时有效的相互作用。权力属性同时有效相互作用的程度越高，个人的认知能力就越能得到提升。因此，创新系统的开放能够提高认知能力。

10.5.3　创新能力开发可以提高情商

权力属性与认知能力评价系统发生相互作用形成了情绪。因此，在个人内部，权力5属性同时有效的相互作用越剧烈，情绪的形成过程就越容易被激活。个人的情绪趋向成熟，进入完全机能情绪。

10.5.4　创新能力开发使个人走向完全自我实现

每个生物体都有某种先天的能力或潜力，即遗传基因蓝图。伴随着生命的进程，遗传基因蓝图的作用越来越显现出来。生命的目的就是实现遗传基因蓝图，成为我们所追求的事物中最优的那一个。因此，人类的遗传基因蓝图就是自我实现倾向性。

根据创新系统的活性化水平可以将创新能力开发分为五个阶段。即潜在能力阶段，自我主导性能力阶段，完全机能能力阶段，问题解决能力阶段和完全自我实现能力阶段。个人沿着创新能力开发 5 阶段进行自我发展就意味着遗传基因蓝图的实现。为了实现遗传基因蓝图，必须持续地、有规律地进行基于创新能力诊断与开发的自我主导性学习。

第十一章 PSAD简便诊断

PSAD简便诊断是对意志和自我主导性能力的诊断。自我主导性能力是由自我实现自由意志诱发的。因此,PSAD简便诊断是诊断个人的意志类型,并通过自我实现自由意志的形成,帮助个人获得自我主导性能力的系统。

11.1 PSAD简便诊断概述

11.1.1 自我主导性能力与自我实现自由意志的自生能力诊断

自我实现自由意志和自我主导性能力都是自我实现自由意志3要素和自我主导性能力3要素实现等边三角形动态平衡的动力。一旦形成了这种动态平衡,就意味着他们各自的自我实现自由意志和自我主导性能力实现自生性成长的条件获得了满足。

PSAD基于关于自我实现自由意志3要素和自我主导性能力3要素的个人自我报告,满足其实现自生性成长的条件,即为了实现正三角形动态均衡而进行的自我主导性学习系统。学习如下所示:

(1) 正体性条件

自我实现自由意志 3 要素或自我主导性能力 3 要素的正体性越强，他们各自基于自身价值追求的动机就越强。在 PSAD 系统中，正体性指数大于 0.35 时，就认为他们各自基于价值追求的内在动机得到了激发。

自我实现自由意志 3 要素或自我主导性能力 3 要素的正体性条件与这些要素的正体性具有对等关系。根据 PSAD，他们的正体性指数在 5% 的误差范围内时，可以认为其正体性是对等的。

(2) 活性化条件

自我实现自由意志 3 要素或自我主导性能力 3 要素的活性化体现了他们的活动性程度。二者的活性化水平取决于他们的正体性与态度的结合程度。即活性化 = 正体性 * 态度。

激活自我实现自由意志或自我主导性能力 3 要素的条件与激活这些元素的等效性有关。当 PSAD 的激活指数在 5% 的误差范围内时，可以认为他们具有相当的激活水平。根据 PSAD，他们的活性化指数大于 33.4 时，可以诊断为他们具有行为能力。因此，自我实现的自由意志 3 要素或自我主导性能力 3 要素的活性化条件是与这些要素的活性化水平相对应的。

(3) 影响力条件

自我实现自由意志 3 要素或自我主导性能力 3 要素的影响力与行为的投入程度有关。即这些要素的影响力越大，个人越容易投入到他们所从事的行为之中。根据 PSAD，他们的影响力指数大于 15.36 时，可以诊断为他们投入相关行为之中的程度较高。

自我实现自由意志 3 要素或自我主导性能力 3 要素的影响力条件与这些要素的影响力是对等的。根据 PSAD，他们的影响力指数在 5% 的误差范围内时，可以认为其影响力水准是对等的。

自我实现自由意志或自我主导性能力的自生性成长条件就是自我实现自由意志 3 要素或自我主导性能力 3 要素的正体性条件、活性化条件与影响力条件中，至少有一个得到了满足。PSAD 认为，这样的满足就标志着各要素的自生性成长得到了实现。

11.1.2 自我实现自由意志生命周期阶段的诊断

PSAD 能够诊断个体自我实现自由意志的生命周期阶段。诊断内容如下：

(1) 自我实现自由意志形成阶段的诊断

自我实现自由意志 3 要素中的任何一个的正体性大于 0.35 时，可以诊断为个人的自我实现自由意志进入了形成阶段。

(2) 自我实现自由意志成长阶段的诊断

自我实现自由意志 3 要素中的任何两个的正体性大于 0.35 时，可以诊断为个人的自我实现自由意志进入了成长阶段。

(3) 自我实现自由意志成熟阶段的诊断

自我实现自由意志 3 要素中的正体性全部大于 0.35 时，可以诊断为个人的自我实现自由意志进入了成熟阶段。

11.1.3 个人意志类型的诊断

意志是在个人自我和社会自我的基础上形成的。自我实现倾向性形成了个人自我并且创造出自由意志。自我实现的价值学习形成了自我实现的社会自我和学习意志。

PSAD 简便诊断以自我实现倾向性为 X 轴，以自我实现价值学习为 Y 轴，建立了诊断的框架。个人的意志类型描述如下：

（1）自我实现自由意志：自我实现倾向性与自我实现价值学习的影响力指数均接近 15.36。

（2）成就导向的自由意志：自我实现倾向性和自我实现价值学习的影

响力指数均大于 15.36。

（3）自我实现学习意志：自我实现倾向性影响力指数小于 15.36，且自我实现价值学习影响力指数大于 15.36。

（4）潜在学习意志：自我实现倾向性指数和自我实现价值学习的影响力指数均大于 15.36。

11.1.4　自我主导性能力与自我实现自由意志行为定位诊断

行为定位（XX-YY-ZZ）能够让我们明确关于行为的态度及个人自我与社会自我的调和程度，并促使我们对权力的非合理性条件有所认识。

PSAD 以基于自我实现自由意志 3 要素或自我主导性能力 3 要素的个人自我报告为起点，导出他们的行为定位。根据行为定位的类型确定关于自我实现自由意志或自我主导性能力的态度，个人自我和社会自我的一致性程度及权力的非合理性条件发挥作用的程度。

(1) 规范的行为定位的情况

自我实现自由意志或自我主导性能力的行为定位越接近规范的行为定位，对于他们而言，这种行为的特性就更加安定，其频度可以达到自身所处的人口统计学集团中的平均水平。因此，自我实现自由意志 3 要素或自我主导性能力 3 要素相关的这样的个人，其自我主导性学习的稳定性高，环境适应能力强。

位于规范的行为定位中的个人，往往表现为个人自我与社会自我较高的调和程度。因此，这样的个人能够形成自我实现自由意志，在其人生中感受到幸福和满足，并且能够很好地适应环境。位于规范的行为定位中的个人能够相对自由地摆脱权力的非合理性条件的束缚。

(2) 歪曲的行为定位的情况

歪曲的行为定位其自我实现自由意志或自我主导性能力的行为定位指

数（XX）或（ZZ）中偏向于某一个方向。如果他们的定位偏向于（XX）或（ZZ）中的某一个，个人的行为特征比其所属的人口统计学群体中出现得更加频繁。然而，行为会变得缺乏弹性并且缺乏灵活性。歪曲的行为定位往往表现为个人行为偏向于个人自我或社会自我某一方的趋势。

社会自我支配行为倾向的个人通常能够形成自我实现学习意志，同时走向社会性自我实现。此外，他们的创新能力开发学习往往会经历不协调。这样的经历就是他们为权力的非合理性条件所支配所造成的。自我实现学习意志强的个人更容易在以其创新能力开发为依据的自我主导性学习中获得来自外部的动机赋予。

个人自我支配其行为倾向的个人，往往表现为成就指向性自由意志的形成，同时也追求个人性自我实现。此外，他们对基于创新能力开发的自我主导性学习也表现出较高的热情，但是由于社会自我没有得到开发，所以有时缺乏目的性，会出现以自我为中心的行为倾向。这种以自我为中心的行为倾向就是个人为权力的非合理性条件所支配的表现。位于成就指向性自由意志之中的个人，为了开发自己的创新能力，往往进行自我主导性学习和自我实现的价值学习。

（3）两极化的行为定位的情况

两极化是指定位指数（YY）较低，并且（XX）和（ZZ）较高的情况。个人行为越接近两极化定位，其一致性就越差，信赖度也降低。两极化行为定位源于个人自我和社会自我的不一致性，因此会导致个人自我和社会自我均无法形成的现象。以自我实现自由意志3要素或自我主导性能力3要素为基础的两极化的行为定位，往往会形成潜在性学习意志。

对于个人自我和社会自我不相一致的个人而言，不幸和不满足是常态。这种极端情况，会诱发对环境的不适应，同时，个人行为为权力的非合理性条件所支配。个人自我和社会自我均未能形成的个人，往往表现为对己毫无信心，容易生气，顽固不化，产生防御性和威胁性心理。他们中的大多数人往往会感到不安和不满。很容易为权力的非合理性条件所支配。因此，两极化的行为定位作为个人而言是很容易引起权力的非合理性条件发生作用的。

如前所述，个人为权力的非合理性条件所支配时，自我实现倾向性就无法得到开发，也无法顺利地进入创新能力开发 5 阶段。PSAD 创新诊断对于个人而言，是发现个人自我与社会自我的不协调性，并通过自我主导性学习进入完全自我实现的系统。

11.2 意志类型与个人的未来行为特性

意志决定了个人未来行为的方向。自我实现自由意志、成就指向性自由意志和自我实现学习意志及潜在学习意志共同构成了未来的行为方向，具体展示如下：

11.2.1 自我实现自由意志

自我实现自由意志为个人提供了完全自我实现的基础。自我实现自由意志中的个人，其个人自我和社会自我实现了一致性。自我实现自由意志支配的个人，其未来的行为方向展示如下：

· 完全自我实现
· 完全机能行为
· 产生先天性创新性和后天习得的创新性
· 激活自我实现倾向性
· 激活后天创新能力和先天创新能力
· 自我实现的内在和外在动机赋予
· 保持个人自我和社会自我的一致性

具有自我实现自由意志的个体将具有较低的个人和社会连贯性。在某些情况下，他们可能会表现出自以为是的行为。自我实现自由意志能够延续人的成长，它取决于自我实现自由意志等边三角形的动态平衡。因此，需要管理其自我实现自由意志的自发性成长。

11.2.2　成就指向性自由意志

成就指向性自由意志为个体的自我实现提供了基础。以成就指向性自由意志为基础的个人未来行为方向如下所示：

- 走向个人自我实现
- 激发先天性创新能力
- 实施完全机能行为
- 个人自我实现的内部动机赋予
- 有时出现目标性缺失，实施以自我为中心的行为

指向性自由意识虽然可以诱发自我主导性行为，但有时也会缺少目标性。因此，需要实施基于完全自我实现的自我实现价值学习。

11.2.3　自我实现学习意志

自我实现学习意志是以社会性自我为中心形成的。社会自我并不是自身的内在价值基准，而是与他人赋予自己的价值有关。因此，自我实现学习意志提供了社会性自我实现的基础，并赋予了自我实现的外在动机。自我实现学习意志引起的未来行为方向如下所示：

- 走向社会性自我实现
- 学习能力的发挥
- 习得的创造性
- 谋求行为的价值化

- 自我实现的外在动机赋予
- 主动或被动的行为
- 体贴的行为

自我实现学习意志经常表现出关怀行为，并成就自身的社会性自我。但是，拥有自我实现学习意志的个人虽然有足够的想法，却往往缺乏行动力。

11.2.4　潜在学习意志

潜在学习意志是指个人的创新系统没有被激活或开发，而是以潜在可能性的形式存在。具有潜在学习意志的个人具有以下几点未来的行为方向特征：

- 个人自我和社会自我的形成不足
- 行为投入程度较低
- 学习意志和自由意志的形成不足
- 自我实现的动机赋予不足
- 封闭性行为
- 不懂感恩
- 不承认错误。

具有潜在学习意志的个人往往会产生极端的自卑感或优越感。他们为了不暴露自己的自卑感而损害别人。这样的人为了满足自己的自我实现自由意志的自生性条件，应该进行自我主导性学习。

11.3　成就行为和权力的非合理性条件的消除

所有人出生时的自我实现倾向性开放程度最高，能够达到80%。这种自我实现倾向性意味着每个人从出生开始，都能够形成自我实现自由意志，经历创新能力开发 5 阶段，并最终走向完全自我实现。尽管如此，事实证明有很多人是无法实现向创新能力开发 5 阶段迈进的。

例如，根据 PSAD 简便诊断对个体意志类型的分析，在被分析的受试者中，自我实现自由意志为 30%~36%，成就指向性自由意志为 16%~22.3%，自我实现学习意志为 5%~10%，潜在学习意志为 40%~44%。因此，有 64%~70% 的被分析者并没有实现自我实现自由意志的形成。

尽管个人与生俱来就具有自我实现倾向性，但大部分人没有通过自我实现自由意志完成完全自我实现的原因是，他们的思想和行为为权力的非合理性条件所支配了。如前所述，个人行为为权力的非合理性条件所支配是由价值条件与个人自我和社会自我的不调和造成的。

之前我们说过，如果自我实现自由意志增长，个人就会走向成就行为，即个人行为的合理性、一贯性、积极性和自律性。同时激活个人的自我实现倾向性。当我们有意识地、自发地去追求成就行为时，作用于我们的权力的非合理性条件就会被消除，自我实现倾向性被激活，创新能力得以开发。

11.3.1　行为的合理性

行为的合理性是达到预定目的的最有效手段。它涉及决定目标的一系列行为的组织化过程。也就是说，合理的行为就是目标指向性行为。因此，行为的合理性取决于个人行为目标的达成程度。

目标源于通过制造行为产生的动机，行为的目的越明确，个人行为就越不容易被感情和从众心理所支配。因此，当个人有意识地追求行为的合理性时，个人的思想或行为就不会为权力的非合理性条件所支配。

11.3.2　行为的一贯性

行为的一贯性是指行为之间的协调与不协调关系。例如，个人的过去行为与现在的行为相调和，就可以认为个人的行为具有一贯性。当行为的一贯性较高时，行为的预测可能性也会提高，信赖度也会增高。

如前所述，个人自我关注个人的内在需求，社会自我关注表达的需求。个人自我实现自由意志使个人的内部需求与表出的需求具有一致性。因此，行为的一贯性能够消除权力的非合理性条件的影响。

11.3.3 行为的积极性

行为的积极性与其对人们利益的贡献程度有关。个人行为只是对自己有益的话，很难被称为积极的行为。对于所有人都有利益的行为才是积极的。个人行为给其他人带来的利益越多，这样的行为的积极意义就越大。

当我们的行为实现价值化时，我们能够互相满足彼此的需求和价值。需求是行为的诱发原因。价值是选择行为的原因。当然，人们互相满足彼此的需求和欲望时，其实是自发地进行了相互结合。人们之间的这种结合能够消除权力非合理性条件的不良影响。

11.3.4 行为的自律性

行为的自律性与自发性行为的程度有关。自发性行为与有意识的行为相比效果更好一些。例如，自己一个人学习属于基于自发性行为的学习，被强迫的学习属于他由性行为的学习。基于自发性行为的学习效果会更好一些。

人类作为一种社会性存在，在经济，政治，社会，文化等方面都希望确立自身的定位。自律性行为就是实现个人确立自身定位的系统。

行为的自律性加强了自我实现自由意志。自我实现自由意志行为将潜在的创新能力转化为实际的创新。创新性创出了生命力，生命力是一种独立变化的能力。因此，行为的自律性不仅能够消除权力非合理性条件的影响，更能诱发创新性行为。

当个人追求成就行为要素时，在个人的内部就出现了消除权力非合理性条件的要素，这些要素能够激活权力5属性。

在创新系统中，创新性能够激活自我实现倾向性，而自我实现倾向性能够促进权力5属性同时有效地相互作用。

11.4 自我主导性能力开发

正如前所述，当个人要从创新能力开发5阶段的某个阶段向下一个阶段迈进时，必须针对该阶段的能力3要素进行自主性学习。此外，自我主导性学习能够诊断学习者的自我学习需求，设定学习目标，确保学习资源，树立学习战略，并对学习之后的效果进行评价。

PSAD简便诊断通过个人的意志诊断，把握意志类型，使个人形成自我实现自由意志，进入自我主导性能力阶段，开启自我主导性学习过程。PSAD为了确保这样的学习能够有效地实施，设置了通用学习课程和个人别定制学习课程两种形式。

11.4.1 自我主导性能力开发的通用课程

自我主导性能力开发的通用课程与意志类型无关，它能够形成自我实现自由意志，为了进入自我主导性能力阶段，为人们提供通用的学习内容。具体内容如下：

(1) 创新系统的概念和作用

・创新系统的概念

・创新系统的结构

・创新系统3要素的作用

- 先天和后天的创新性

(2) 自我实现价值学习

- 自我实现的意义和价值
- 自我的类型和角色
- 自我实现的类型和意义

(3) 意志的概念和作用

- 意志的概念和类型
- 意志形成的原则
- 自我与意志
- 意志类型和行为特征

(4) 创新能力开发 5 阶段的意义和作用

- 创新能力开发 5 阶段的概念
- 自我实现自由意志的生命周期和创新能力开发 5 阶段
- 自我实现自由意志的周期性循环与创新能力开发

(5) 自我实现自由意志形成的原理

- 自我实现自由意志 3 要素的概念与作用
- 自我实现自由意志的自生性成长条件
- 自我实现自由意志 3 要素的正体性、活性化和影响力

(6) 自我主导性能力形成的原理

- 自我主导性能力 3 要素的概念与作用
- 自我主导性能力的自生性成长条件
- 自我主导性能力的正体性、活性化和影响力

(7) 行为定位与个人行为特性

- 行为定位的概念和作用
- 行为定位的类型

· 行为定位与个人自我和社会自我的调和性

(8) PSAD 创新能力诊断系统的意义和价值

· 创新能力诊断的意义和必要性

· PSAD 系统的概念和结构

· PSAD 简便诊断的概念及作用

11.4.2 自我主导性能力开发的个人别定制学习课程

正如所指出的，自我实现自由意志和自我主导性能力是由自我实现自由意志 3 要素和自我主导性能力 3 要素构成的。自我实现自由意志 3 要素和自我主导性能力 3 要素的学习效果与学习者对这些要素的内在动机，学习者的态度投入程度和学习行为的持续性、安定性密切相关。

(1) 自我主导性能力开发的个人别定制学习课程

①个人别定制学习方案

如前所述，为了进入创新能力开发 5 阶段的特定阶段，需要引发指向创新能力开发要素的行为，也就是近乎永久性的变化。因此，为了形成自我实现自由意志或者进入自我主导性能力阶段，我们应该对自我实现自由意志 3 要素或自我主导性能力 3 要素进行学习。

PSAD 简便诊断就是诊断自我实现自由意志和自我主导性能力 3 要素的正体性、活性化与影响力。如前所述，这样的正体性、活性化与影响力与个人对于这些要素的自我主导性学习的内在动机，态度，投入及学习的安定性和持续性有关。自我实现自由意志和自我主导性能力 3 要素的正体性、活性化与影响力根据个人的差别而有所不同。例如，有的人在自由意志 3 要素中的个人自我净化指数较高，而有的人则是自我实现自由意志价值学习的影响力指数较高。

因此，个人为了实现自我主导性能力开发而进行个人别定制自我主导性学习时，学习者应该优先学习该 3 要素的正体性指数，活性化指数，影响力指数中较高的那一个。因为这样的学习能够通过激发内在动机，积极态度和投入而实现学习效果的提升。PSAD 简便诊断中，想要提高学习者的学习成果，应该优先学习如何提高自我实现自由意志和自我主导性能力 3 要素的正体性、活性化和影响力。

②自我主导性学习的成果测定方案

学习就是行为的近乎永久性变化，就是自觉地发现自己所习得的行为。此外，自发性行为是由内在动机诱发的，而内在动机则是由正体性诱发的。因此，在自我实现自由意志 3 要素和自我主导性能力 3 要素的学习中，这些要素的学习者的正体性一旦形成，就意味着他们对于这些要素的学习已经形成。

PSAD 通过对自我实现自由意志 3 要素或自我主导性能力 3 要素的自我主导性学习过程，使这些要素的学习者以自我报告的形式来了解和测定其自身的正体性。具体评价如下：

①自我实现自由意志 3 要素或自我主导性能力 3 要素的一致性指数高于 0.46 的时候，学习效果被评估为非常好。

②自我实现自由意志 3 要素或自我主导性能力 3 要素的一致性指数在 0.35 和 0.46 的情况下，学习效果被评估为良好。

③自我实现自由意志 3 要素或自我主导性能力 3 要素的一致性指数小于 0.29 时，则评价学习效果不足。

(2) 自我主导性能力开发的自由意志别组织学习过程

意志决定了个人未来行为的方向。因此，学习者关于自我实现自由意志 3 要素和自我主导性能力 3 要素学习的内在动机、态度和承诺，以及学习行为的持久性和稳定性都取决于个人的意志类型。为了创新能力开发的组织学习，最好将学习者按照自由意志的类型进行区分，并形成学习组织。

①自我实现学习意志和自我主导性能力发展

自我主导性能力基础是自我实现自由意志。当个人自我与社会自我相调和时，自我实现自由意志3要素，即自我实现的价值知觉，自我实现倾向性和个人的自我净化能够进行相互作用。自我实现学习意志常常表现为社会自我的影响力小于个人自我，从而个人自我无法形成。

主导性学习的效果取决于学习者的内部动机、态度和投入。此外，那些有意愿学习自我实现的人通常表现为有内在的动机、积极的态度，或表现出行为的高度投入。因此，有自我实现意愿的个人为了形成自由意志会学习自我实现。此后，谋求自我进化，进而激活自我实现倾向性。

个人自我净化是一个开启自我实现倾向性或创新力的过程。自我实现倾向性或创新系统的开放使人们感受到个人的无条件积极性尊重，它是以成就行为为基础的。我们在日常生活中几乎不可能时刻感受到无条件积极性尊重。因此，我们通过成就行为来清除作用于自身的权力的非合理性条件，从而开发自我实现倾向性和创新系统。

具有自我实现学习意志的个人，在成就行为4要素中，相对来讲比较重视行为的自律性和一贯性。因此，具有自我实现学习意志的个人，为了形成自我实现自由意志，以行为的积极性为基础，按照行为的自律性、一贯性和合理性的顺序进行学习。

②潜在性学习意志与自我周期性能力开发

潜在性学习意志往往在个人自我与社会自我未能形成，或者它们的影响力都非常微弱，或者出现两极化现象时形成。因此，潜在性学习意志的个人自我实现倾向性或创新系统难以得到开发，能力被潜藏起来。潜在性学习意志的个人，为了形成自我实现自由意志，应该首先学习如何开发自我实现倾向性或创新系统。

潜在性学习意志的个人其自我实现自由意志3要素是以潜在性能力的形式存在的。对于这些要素，他们的内在动机较低，态度并不明确，而且投入水平也低。此外，他们往往表现出依赖或者被动的行为特性。因此，具有这种意志的个人，为了学到成就行为，应该学习针对成就行为的外部动机赋予的相关内容。

外在动机是由外在激励引起的。学习对于学习者而言，都是会对外部利益考虑与权衡。因此，潜在性学习为了习得成就行为和动机赋予，必须把握学习者的需求，适应这些需求并提供外部刺激，从而使成就行为的结果向对自己有利的方向发展。

潜在性学习意志的个人为了获得自我实现自由意志，通过对成就行为的学习，谋求成就指向性自由意志的形成，从而走向自我实现价值学习。具有潜在性学习意志的个人其个人自我和社会自我的形成都非常微弱，行为的一致性不足，目标意识不足。因此，这样的个人为了形成成就指向性自由意志，应该以行为的积极性为基础，以行为的一贯性、合理性、自律性为顺序进行学习。

③成就指向性自由意志与自我主导性能力开发

成就指向性自由意志往往形成于个人自我比社会自我的影响力更大，或者社会自我尚未形成的时候。当自我实现倾向性得以开发时，就能够形成个人自我，个人自我的固有性、一致性、综合性和主体性使人们感知到自我实现的价值，进而形成自我实现自由意志。但在此过程中，如果基于自由放任行为的自我制约或者自制性行为产生的话，就会形成成就指向性自由意识。

具有成就指向性自由意志的个人表现出成就指向性行为。有时，由于缺乏目的，他们表现出以自我为中心的行为。成就指向性的个人的这些行为源于与个人自我相调和的社会自我的缺失。但是，这样的个人往往表现出关于自我实现倾向性的内在动机态度和投入。因此，成就指向性自由意志的个人，为了形成自我实现自由意志，应该首先学习自我实现倾向性的意义和价值，然后进行自我实现价值学习。

④自我实现自由意志和自我主导性能力发展

如前所述，自我实现自由意志是在满足了自我实现自由意志的自生性条件时产生的。自我实现自由意志3要素，即自我实现价值学习，自我实现倾向性和个人的自我净化能够实现正三角均衡状态。因此，具有自我实现自由意志的个人应该在自我实现自由意志3要素中选取正体性、活性化和影响力程度较高的要素优先进行学习，从而开发其自我主导性能力。

(3) 体验式学习和自我主导性能力开发

①无条件积极性尊重的体验

罗杰斯（1961）认为从接触自我实现倾向性开始的自由就是无条件积极性尊重。无条件积极性尊重与个人的感觉、态度和行为无关，而是意味着对于个人价值的认同，无条件地接受其温情、尊重和爱。无条件积极性尊重的个人并不是从他人身上获得无条件的自身欲求的满足，而是即使被拒绝，也能够形成全人格体性的关系。因此，人们之间的全人格体性关系激活了自我实现倾向性。我们的日常生活中，几乎不可能总是体验到无条件积极性尊重。然而，如果一个人在童年有过无条件积极性尊重的体验，对于自我需求的认同感和自由的生活体验就不会磨灭。通过这种方式，孩子们学会了对于自己的行为，既要考虑到对他人影响，又能在内心建立属于自我的评价标准，并感受和思考这些标准，从而成长为一个心智健全的成年人。因此，童年时期获得无条件积极性尊重的体验，对于自我实现自由意志倾向性和创新能力开发起到了非常重要的作用。

学习意志是在自我实现倾向性或创新能力没有得到开发时产生的。如果一个人在儿童时代没有无条件积极性尊重的体验，他就非常容易产生学习意志。对于这样的个人，我们建议进行无条件积极性尊重体验的学习过程。

②自我主导性体验学习

经验并不是过去、现在和未来的分离和异质化的过程。连续性的原则是相互关联、持续、变化和发展的。因此，定性体验是评估生活各个领域的工具。教育是在体验之中，以体验为依据，并为了体验而形成的发展过程。在体验中态度、动机和兴趣都包括在内，这些包括在经验中的因素将经验的内容引向某个主题（杜威，1938）。

这些经验的概念和原则都体现在体验式学习中。体验式学习是经验和学习的结合，通过五种感官而获得的全身心的教育性效果。这样的体验式学习对于体验对象而言，产生了动机，诱发了兴趣，指明了方向。对于参与者而言，产生了效率和创新性的思考。此外，体验式学习是将以前学习过的知识与体验对象进行连接和思考，提高了参与者与体验对象之间相互学习的效果。

但是，并不是所有类型的体验式学习都能开发创新能力。因为如前所述，个人的创新能力只有在自我实现倾向性得到开放的条件下才能实现开发和提高，但并不是所有的体验式学习都满足自我实现倾向性的开放条件。因此，为了开发体验式学习参与者的创新性，应该努力满足体验式学习的自我实现倾向性开放条件。

自我主导性学习意味着学习者积极主动地诊断学习需求，设定学习目标，以及确保资源、制定学习策略、实施学习和评估结果和活动。当我们在体验式学习中运用这种自我主导性学习原理时，体验式学习的自我实现倾向性开放条件就能够得到满足。因此，为了开发个人的创新性，应该自觉地进行体验式学习。

童年时期的大量体验活动能够刺激先天性才能、想象力和个性倾向，激活自我实现倾向性和创新性。各式各样的体验活动和实习就像播种一样，创出了根源性5创新能力，即独创性，差别性，共感性，领导性和适应性创新能力。伴随着大量体验活动的经验和实习，能够培养完全的好奇心和把握机会的能力，并开发个人的创新能力。

（4）PSAD与自我主导性能力开发的学习效果

学习是将学习内容理解或识别为知识或信息的过程。此外，学习内容是由学习者的思想和行为自觉地表达出来的。自发的思想和行为是内在精神的表达，是正体性触发的内在动力。因此，学习可以被认为是学习者对于学习内容价值的正体性的形成过程。

为了自我实现自由意志形成或自我主导性能力开发，在自我主导性学习中，学习者应该形成关于通识或者定制学习过程的正体性。我们将这种情形下的学习效果总结如下：

- 形成自我实现自由意志
- 诱发自我主导性行为
- 开发创新系统
- 形成关于自我净化的积极态度
- 激活自我实现倾向性
- 提高个人的自我净化能力
- 自我的情绪
- 自我实现的线索

正如所指出的，为了实现从创新能力开发 5 阶段的特定阶段向下一阶段的迈进，自我主导性学习效果表现为初期 3~4 个月 10%~20%；接下来的 5~6 个月 0%~5%；最后的 6~7 个月 10%~20%。有学习意志的个人当创新能力提高了 10% 程度的时候，其内面形成自由意志和自信心，并在感兴趣的领域诱发自我主导性行为。因此，具有学习意志的个人为了实现自我实现自由意志，应该首先认真学习成就行为的相关内容达到三个月以上的时间。

第十二章　PSAD一般诊断和完全机能能力开发

PSAD一般诊断是一种基于自我实现自由意志的成长和完全机能能力的诊断方法。完全机能能力往往发生在自我实现自由意志的成长期。PSAD一般诊断能够诊断个体的完全机能行为的类型和自我实现自由意志，是个人在成长的同时获得完全机能能力的过程。

12.1　PSAD一般诊断概述

12.1.1　完全机能能力的自生能力诊断

完全机能能力是为了维持完全机能能力3要素，即完全机能行为、成就行为要素和成就社会行为要素的正三角形动态均衡而形成和发展的。此外，三要素的正三角形动态均衡满足了自我实现自由意志的自生性成长条件。完全机能能力3要素的自生性成长条件必须满足其正体性、活性化和影响力的需要。

(1) 正体性条件

完全机能能力 3 要素的正体性越强，为了实现其各自的固有价值，越能够产生个体动机。PSAD 认为，当他们的正体性指数大于 0.35 时，为了构建其自我价值会产生内在动机。

完全机能能力 3 要素的正体性条件是与各要素的正体性相对等的。PSAD 认为，当他们的正体性指数在 5% 的误差范围内时，可以诊断为他们的正体性是对等的。

(2) 活性化条件

完全机能能力 3 要素的活性化表现为他们的活动性。完全机能能力 3 要素的活性化是以他们的正体性和态度的结合程度为依据的。即活性化 = 正体性 * 态度。完全机能能力 3 要素的激活程度越高，其活动性就越强。PSAD 认为，当他们的活性化指数高于 33.4 时，可以诊断其具有行为能力。

完全机能能力 3 要素的活性化条件是与他们的活性化指数相对应的。PSAD 认为，当他们的活性化指数在 5% 的误差范围内时，可以诊断为其与自身的活性化水平相对应。

(3) 影响力条件

完全机能能力 3 要素的影响力越大，人们对于他所指向的行为的投入程度就越高。PSAD 认为，当他们的影响力指数大于 15.36 时，可以诊断为个人已经投入关联行为之中。完全机能能力 3 要素的影响力条件是与这些要素的影响力相对等的。PSAD 认为，当他们的影响力指数在 5% 的误差范围内时，可以诊断为他们的影响力是对等的。

完全机能能力的自生性成长条件是完全机能能力 3 要素能够满足正体性条件、活性化条件和影响力条件中的至少一个。PSAD 认为，自我实现完全机能能力 3 要素能够满足正体性条件、活性化条件和影响力条件中的至少一个时，可以诊断为他们实现了自生性成长。

12.1.2　完全机能能力行为定位诊断

行为定位（XX-YY-ZZ）告诉我们如何使人们知道个人自我和社会自我的和谐或不协调，它让我们意识到从内部引发的权力的非合理性条件的影响作用。

PSAD 基于个人对完全机能能力 3 要素的自我报告，导出他们的行为定位，根据行为定位的类型得到关于完全机能能力的态度，个人自我和社会自我的一致性程度和诱发权力非合理性条件的原因。具体诊断如下：

（1）规范的完全机能行为定位

规范的完全机能行为定位是完全机能能力行为定位无限接近规范的行为定位。基于规范的完全机能行为定位，能够使行为的特性更加安定地得到发展，其频率也能够达到所处的统计学集团的平均水平。因此，对于完全机能能力 3 要素而言，这样的个人的自我主导性学习是安定性和环境适应性都比较高的。

位于规范的完全机能行为定位中的个人能够表现出走向个人自我与社会自我调和的倾向。规范的完全机能行为定位往往出现于自我实现自由意志的成长期，能够比较自由地摆脱权力的非合理性条件的束缚。规范的完全机能行为定位中的个人往往能够诱发行为的价值化。

（2）歪曲的完全机能行为定位

歪曲的完全机能行为定位意味着在完全机能能力行为定位的定位指数（XX）或（ZZ）中，存在着偏向于一方的情况。以歪曲的完全机能能力行为定位为基础的行为特性，比起其所处的人口统计学集团而言，表现得更为频繁，并且缺少相关行为的柔软性和弹性。歪曲的完全机能行为定位是个人行为为个人自我与社会自我之中的任何一个所支配的行为倾向。

被社会自我所支配其行为倾向的个人，往往会走向外在性完全机能和社会自我实现的道路。此外，他们在创新能力开发学习的过程中往往会经历到不和谐的情况。这样的不和谐的经历是由于他们的行为被权力的非合理性条件所支配。外在性完全机能行为的个人需要进行基于创新能力开发的自我主导性学习和外部动机赋予。

个人自我支配其行为倾向的个人往往表现出走向内在性完全机能行为和个人自我实现的倾向。此外，他们为了开发自己的创新能力，虽然会参与到自我主导性学习之中，但由于社会自我没有得到开发，所以有时会表现出没有目的的行为和以自我为中心的行为。产生以自我为中心行为的原因正是个体为权力的非合理性条件所支配。处于内在性完全机能行为中的个人应该进行基于创新能力开发的自我主导性学习和自我实现价值学习。

（3）两极化完全机能行为定位

两极化完全机能行为定位意味着定位指数（XX）较低，而定位指数（YY）和（ZZ）均较高。以两极化完全机能行为定位为基础的行为特性往往表现出两极化倾向，缺少一致性，信赖性也不高。两极化完全机能行为定位往往表现为社会自我与个人自我的不一致，或者二者都没有得到实现。两极化完全机能行为定位能够诱发不完全行为。

对于个人自我与社会自我不相调和的个人而言，当遇到不幸、不满等极端情况时，会诱发不适应，从而导致个人自我和社会自我均无法形成。这样的个人会变得顽固不安，具有防御性和危机意识。两极化完全机能行为定位的个人很容易为权力的非合理性条件所支配。PSAD 一般诊断能够发现个人自我与社会自我的不调和现象，通过自我主导性学习使个人走向完全行为。

12.2 完全机能行为的类型和特性

PSAD 一般诊断将个人行为划分为完全机能行为，外在性完全机能行为，内在性完全机能行为和不完全行为四种。

12.2.1 完全机能行为

完全机能行为是在创新能力开发 5 阶段中的完全机能能力阶段的个人所表现出来的行为特性。位于这一阶段的个人激活了成就行为和成就社会行为，同时诱发出完全机能行为的内在和外在动机。此外，他们还激活了先天创新性和后天创新性，实现了自我实现自由意志的自生性成长。因此，这样的个人能够有效开发其自身的潜在能力和可能性，将经验和知识相结合，开发自己的才能和情商。

完全机能的个人能够将自己的感觉和自己的能力相匹配并忠于自身的需求。他们往往表现出开放性思考和自由行为，并能够走向完全自我实现。

12.2.2 外在性完全机能行为

外在性完全机能行为的个人往往表现为依存性和被动性的行为。比起源于自身内部的自由性动机，他们往往为外部动机赋予所支配从而进行完全机能行为。外在性动机在外部刺激的作用下得以产生。这样的个人虽然也有一些想法，但并不总是能够付诸行动。

外在性完全机能行为的个人为了走向完全机能行为需要进行行为的外在动机赋予。例如，他们从外部获得有益的要素时就能够走向完全机能行为。具有完全机能行为的个人，比起先天性创新能力，更依赖于后天习得的知识和能力，并走向社会性自我实现。

12.2.3　内在性完全机能行为

内在性完全机能行为的个人往往表现出强烈的进取心和积极的行动力。比起源于外部刺激的外在动机，他们更习惯利用内在性动机来自发地指导自身行为。这样的个人往往表现为自主自觉的行为，但是由于缺乏目的性，也会进行以自我为中心的行为。

对于内在性完全机能行为的个人而言，会形成基于完全机能行为的内在性动机。行为的内在性动机并不是外在的保障，而是能够诱发自我喜悦和满足的行为。因此，他们为了自我满足和喜悦，要走向完全机能行为。其内在性完全机能行为会走向个人自我实现，从而开发先天性创新能力。

12.2.4　不完全行为

不完全行为的个人对于自己所承担的工作并不全力以赴，只是马马虎虎做事而已。当无法承担责任时就会找各种借口，并不承认自己的错误。不完全行为的个人，其自身的正体性较弱，不懂感恩，无法顺利地完成工作，而是倾向于采取机会主义的行为方式。

不完全行为的个人并没有真正形成基于完全机能行为的内在动机和外在动机。动机是诱发目标指向性行为的源泉。完全机能行为的内外部动机不足时，个人会抱有敷衍了事的态度，办事效率低下。

内外部完全机能行为与不完全行为意味着个人无法进入创新能力开发5阶段中的完全机能能力阶段。为了进入完全机能能力阶段，个体应该学习与行为特性相一致的教育内容。例如，外在性完全机能行为的个人应该学习增强勇气的教育课程。内在性完全机能行为的个人应该学习关于自我实现价值的教育课程。

12.3 Power Process和成就行为的诱发

12.3.1 Power Process与行为的价值化

如前所述，自我实现自由意志持续成长并进入成熟期时，自我能够将权力5属性相互结合，形成自身的正体性，从而谋求行为的价值化。我们的行为价值化实现水平越高，就越能够进入问题解决能力阶段，实现社会自我，同时实现社会自我和个人自我的协调发展。

行为的价值化在自我实现自由意志的成长过程中，并不是自发性成长的，而是通过 Power Process 谋求而来的。在这样的情况下，我们的社会自我和个人自我得到调和，并通过完全机能行为和问题解决能力走向完全自我实现。

Power Process 是通过价值化要素、需求、价值、关系和环境的相互作用创出价值，并反过来作用于环境的过程。即 Power Process 就是谋求行为的价值化，上述要素被称为价值化5决定要素。价值化5决定要素的固有作用表现如下：

(1) 需求：成就行为的线索

需求与稀缺性或跃入新形态有关。需求就是行为的原因，是激发行为的线索。如果没有需求，就不会产生任何行为。但是，需求强烈就意味着其正体性被削弱。

(2) 价值：对行为的选择

价值是对于"对或错"或"好或坏"的判断，是选择的标准，与诱导理想行为的方式有关。每个人都有自己的价值体系。价值体系与价值的层次有关。例如，人们往往比较推崇自由、快乐、自尊、诚实、服从和平等等价值观。

即使一个需求引发了一个行为，具体采取什么行为也是由价值观决定的。例如，瓶装水、果汁或茶都是可以解渴的饮料，你选择哪种解渴取决于你对饮料价值的理解。消费者的购买行为虽然起源于需求，但是具体购买什么则是由价值决定的。

(3) 关系：推进行为发展的作用

关系是分离的事物从本质上合二为一的过程。比如父子关系、朋友关系、师徒关系，其最终目标都是成为一个整体。一个人的行为依据关系的不同而产生另外的行为。例如，对老板的行为和对亲密朋友所表现的行为显然是不同的。因此，关系有驱使一个人采取行为的作用。

(4) 价值化要素：价值化的方向、源泉和消亡的原因

价值化要素是为了创出价值化条件需要满足的价值创出有形资源、无形资源和经济型资源的总和，它规定了价值化的方向，提供了价值创出和消亡的原因。

例如，企业使用自身的技术满足价值化条件的过程。

个人所拥有的知识、经验、资本、健康等有形和无形资源都可以被当作价值化要素进行使用。例如，人们往往进行使用自身的知识满足价值化条件的行为。在这种情况下，个人的知识就是一种价值化要素。至于哪些资源可以被用作价值化要素，是由个人的价值化能力决定的。

(5) 环境：行为价值化起作用的途径

环境为行为或行为的价值化提供了价值化要素的渠道或基础，并通过它创造的价值发挥作用。例如，我们从自身所处的社会中获取知识、经验、技术等价值化要素。由价值化形成的价值能够在社会中进行扩散。原材料或技术是企业的价值化要素，企业从自己所处的社会中获取这些价值化要素，并以此为基础生产产品或服务。因此，企业所处的社会为企业提供价值化要素，并利用这些要素将生产出来的产品或服务在市场上进行扩散。

价值化5决定要素是相互影响的关系。例如，政治性、经济性或文化性环境变化能够对需求、价值或关系产生影响。个人为了实现自身的需求

和价值谋求环境或关系的变化。需求和价值是不可分的竞争与合作的关系。此外，他们还能影响价值化要素的创出和选择。

个人的思想或行为中，价值化 5 决定要素同时发挥作用的情况下，这些要素能够促进行为的价值化进程，提升问题解决能力。Power Process 在被习得的情况下，能够形成社会自我，这样的社会自我能够产生与个人自我相调和的关系。因此，当我们以 Power Process 为基础，谋求行为的价值化时，就可以认为，我们是通过完全机能行为走向了完全自我实现。

但是在这样的过程中，如果价值化 5 决定要素中没有一个得到激活的话，就会出现个人的价值化能力不足和问题解决能力低下的情况。例如，关系要素的活性化水平较低，而其他价值化要素被激活时，行为的价值化就无法引导行为，因为引发行为的关系没有起作用。

12.3.2　行为的价值化与成就行为

自我实现自由意志的成长，对于个人而言，使成就行为得以发现，诱发了完全机能行为的内在动机。此外，这样的内在动机对于个人而言能从其所在的社会中感知成就行为。当个人获得这样的感知时，个人的成就社会行为就能被诱发。

关于成就行为的社会性学习在个人内部形成了成就社会行为指向性社会自我，并诱发完全机能行为的外在动机。因此，以自我实现自由意志的成长为基础的成就行为和成就社会行为使个人进入完全机能行为。在此过程中形成的社会自我能够与个人自我相协调，从而使个人走向完全自我实现。

社会性学习就是学习从环境出发所感知到的事物，与行为的近乎永久性变化有关。但是，并不是所有从社会成就行为中感知到的个人都能够成就社会行为。因为，成就行为并不是总能够诱发关于他们的社会性学习。此外，知觉也非总是从动机、环境或个人价值这样的要素中受到影响。因为知觉与实体还是有差异的。

个人的知觉受个人的经验、知识、欲求、价值、感情状况或感知对象特性的影响。因此，从自身所处的社会中感知到的成就行为从成就社会行为开发的角度来看，能力是有限的。

在学习个人的 Power Process 时，个人行为是由成就行为，即行为的合理性、一贯性、积极性和自律性组成的。

(1) Power Process 与行为的合理性

合理性是指借助最有效的手段，以事先确定的目标为基础而进行的一系列行为的组织化。组织化是将各自分立的事物进行结合，并为了达成共同的目标，有意识地进行活动的系统。例如，组织是以达成共同目标为基础的个人的集合体。

个人的欲望、价值、感情等内在要素，虽然能够诱发独立的目标指向性行为，但是，与他们的组织化相比组织化能够诱发更为有效的合理性行为。例如，动机与情绪是各自以欲望和感情为中心进行组织化的能力。它们还能诱发有效的、目的性强的行为，即合理性行为。

(2) Power Process 与行为的一贯性

行为的价值化创出价值并能够作用于他人。因此，行为的价值化使行为具有了一贯性。Power Process 就是行为的价值化过程。因此，以个人 Power Process 为基础的价值化学习能够维持个人行为的一贯性。个人认为自己在自身的行为中一贯性较差时，即自身行为并不和谐或者彼此间不和谐的情况，应该以 Power Process 为基础进行行为的价值化学习。

(3) Power Process 与行为的积极性

个人行为满足很多人的需求和价值的程度越高，其积极性就越强。行为的价值化能够创出价值，并且能够创造出与之相适应的积极的环境。行为的价值化往往表现为替他人考虑的行为或者意识疏通等很多类型。Power Process 作为一种价值化过程能够诱发积极的行为。

社会成员互相成为彼此的环境，他们为了生存从其他社会成员，即从环境中获得必要的资源并且交换自身的产出物。个人与环境构成了生存共同体。Power Process 就是以生存共同体形成为基础的。

(4) Power Process 与行为的自律性

行为的自律性与自发性行为有关。自我持续地体悟到自身的本质，并试图构建自我的本质，为此，自我诱发了动机，设定了目标，并为了实现这些目标，自由自发地进行行为。因此，自我诱发了自发性行为。

以 Power Process 为基础的价值化进展程度越高，个人的社会自我越能得到成长。成长了的社会自我能够自觉自发地促进行为。因此，Power Process 与行为的自律性有关。Power Process 可以帮助我们从社会获取的关于成就行为的感知中克服阻碍，谋求完全机能行为和行为的价值化，从而走向完全自我实现。

12.4 完全机能行为模式和完全机能能力开发

PSAD 一般诊断分析个人的完全机能行为类型和它促进自我实现自由意志的程度，发展个人先天后天的才能，迈向完全自我实现。它是由一个自我指导的学习过程开始的。PSAD 为了实现有效学习将学习程序划分为通用课程和个人别定制课程两种。

12.4.1 完全机能能力开发的通用课程

完全机能能力开发的通用课程与完全机能行为的类型无关，能够促进自我实现自由意志的成长，实现个人向完全机能能力阶段迈进，是一种通用性的学习系统。完全机能能力开发通用课程的内容如下：

①完全机能行为的概念和类型

·完全机能行为的概念

- 完全机能行为的类型和特征
- 完全机能能力的自生性成长原理

② 完全机能能力的自生性成长模型
- 完全机能能力 3 要素的概念和作用
- 社会性权力和组织成员的行为原理
- 社会性学习的原理与实践

③ Power Process 与成就行为
- 行为的价值化的概念和作用
- 行为的价值与行为成就
- Power Process 的概念
- Power Process 和价值化 5 决定要素

④ 自我实现自由意志的成长与成就行为
- 自我实现自由意志的成长与完全机能行为
- 成就行为与权力的非合理性条件的消除
- 成就行为与个人自我和社会自我的和谐

⑤ PSAD 一般诊断的概念和功能
- PSAD 一般诊断的意义
- PSAD 一般诊断系统的结构和功能
- PSAD 一般诊断的作用

12.4.2　完全机能能力开发的个人别定制学习课程

完全机能能力源于完全机能能力 3 要素的相互作用。成就行为由成就行为 4 要素，即个人行为的合理性、一贯性、积极性和自律性构成。成就社会行为由成就社会行为 4 要素，即社会行为的合理性、一贯性、积极性和自律性构成。

(1) 个人别定制学习课程

自我主导性学习效果在学习动机强烈、学习态度积极和学习投入程度高时得到提升。因此，完全机能能力3要素的学习者应该优先学习有关这些要素的正体性指数、活性化指数和影响力指数中较高的那一个。

PSAD一般诊断以完全机能能力3要素的正体性、活性化、影响力为基础，诊断其行为定位。因此，完全机能能力的个人别定制自我主导性学习者应该以PSAD为基础，按照以下的顺序对完全机能能力3要素进行学习。

①学习者应该优先学习完全机能能力3要素中正体性、活性化和影响力指数中较高的那一个。

②对于成就行为和成就社会行为的学习，应该分别在成就行为4要素和成就社会行为4要素中，优先考虑正体性、活性化和影响力指数最高的要素。

我们为了进入完全机能能力阶段，必须进行关于完全机能能力要素的目标指向性行为的永久性改变。在我们的行为中，完全机能能力3要素的开发意味着对他们的自觉性的发现。此外，自发性行为诱发内在性动机，内在性动机以正体性为依据被发现。因此，在完全机能能力3要素的学习中，这些要素的学习者的正体性形成的时候，就意味着关于它们的学习已经实现了。

PSAD是针对完全机能能力的三个组成部分的自主性学习过程。它从学习者对各要素的自我报告中衡量他们的正体性。基于此，PSAD是个人对完全机能能力的三个组成部分的学习能力，其评价如下：

·当完全机能能力3要素的正体性指数大于0.46时，可以评价为学习成果非常优秀。

·当完全机能能力3要素的正体性指数在0.35和0.46时，可以评价为学习成果良好。

・当完全机能能力 3 要素的正体性指数低于 0.29 时，可以评价为学习成果不好。

完全机能能力 3 要素的自我主导性学习者能够以学习成果评价基准为依据独立地对自己的学习成果进行评价。此外，这样的学习过程和评价基准也可以应用于下一个完全机能能力开发的完全机能类型别组织学习程序。

(2) 定制型组织学习课程

完全机能能力行为的类型包括完全机能行为、外在完全机能行为、内在完全机能和不完全行为。因此，完全机能能力 3 要素的学习者的内在动机、态度、投入程度和学习行为的持续性与安定性，决定了学习者的完全机能行为的类型。当进行针对完全机能能力开发的组织学习时，根据学习者的完全机能行为类型的不同，对他们进行区分和学习。

①**外在完全机能行为和完全机能能力开发**

如前所述，成就社会行为包括成就社会行为 4 要素，即社会行为的合理性、一贯性、积极性和自律性。在个人的思想或行为上，成就社会行为 4 要素同时有效地发挥作用时，就能够消除作用于我们的权力的非合理性条件。在这种情况下，个人的自我实现倾向性得到开发，形成自我实现自由意志，同时诱发成就行为和成就社会行为，最终走向完全自我实现。

但是，成就社会行为 4 要素中至少有一个不能发挥作用的情况下，个人将无法摆脱权力的非合理性条件的束缚。因为，这种情况下无法产生成就社会行为 4 要素同时有效地相互作用，从而使成就社会行为无法体现在我们的思想或行为中。正如所指出的，外在完全机能行为是当成就行为的水平较低，而成就社会行为的水平较高时出现的。因此，当成就社会行为 4 要素中的任何一个或多个没有被诱发时，个人将走向外在完全机能行为。

此外，外在完全机能行为是经常出现在具有自我实现学习意志的个人身上的一种行为特性。因为，虽然自我实现学习意志是基于价值条件形成的，但是，价值条件对于自我实现倾向性的开发是起阻碍作用的。不仅如此，外在完全机能行为会消磨已经形成的自我实现自由意志，往往表现为以成就行为要素为基础的社会性学习。因此，外在完全机能行为的诱发原因总结如下：

· 成就社会行为4要素的低效作用，即这些要素中至少有一个没有被诱发

· 一个具有自我实现学习意志的个人进行关于成就行为的社会性学习

· 已经形成的自我实现自由意志被消磨，而进行关于成就行为的社会性学习

个人为了实现由外在完全机能行为向完全机能行为的迈进，需要诊断外在完全机能行为的诱发原因。PSAD能够测定成就社会行为4要素，成就行为4要素和自我实现自由意志3要素的正体性、活性化、影响力和行为定位水平。从PSAD所展示的这些正体性和行为定位出发，可以诊断出诱发外在完全机能行为的原因。外在完全机能行为的个人为了顺利进入完全机能行为，进行关于这些诱发原因的学习程序。

当成就行为4要素中的任何一个以上不能发挥作用时，就有必要进行关于这些要素的自我主导性学习。为了实现这样的学习，学习者应该重点学习成就行为4要素中正体性指数小于0.35的要素。因为正体性指数小于0.35的要素被视为还没有实现学习的要素。在这种情况下，还应优先学习正体性指数小于0.35且活性化指数或影响力指数较大的要素。

当我们学习行为的价值化时，成就行为4要素就会在我们的思想或行为中发挥作用。这样的成就行为，对于个人而言，表现为自我约束或节制。因此，具有成就指向性自由意志的个人自我约束或自我节制力不足时，应该进行关于行为的价值化学习。在学习 Power Process 时，与个人自我相适应的社会自我得以形成。因此，内在完全机能行为的个人一旦学习了Power Process，就为进入完全自我实现提供了条件。

②**完全机能行为和完全机能能力的自生性成长**

如前所述，完全机能能力的形成和成长依赖于完全机能能力3要素的

正三角形动态平衡。此外，完全机能能力要素正三角形的动态平衡是这三个因素的自生性成长条件，即正体性、活性化、影响力条件被满足时形成的。不仅如此，这样的自生性条件还包括了关于这些要素的学习。

如前所述，创新能力开发要素的学习效果在优先对正体性指数、活性化指数和影响力指数中较大的要素进行学习时能够得到提高。PSAD 正是测定完全机能能力 3 要素正体性、活性化和影响力的系统。因此，完全机能行为的个人为了实现自身完全机能能力的自生性成长，应该从 PSAD 对于完全机能能力 3 要素的诊断出发，进行关于它们的自我主导性学习。

第一，应该学习完全机能能力 3 要素中正体性、活性化和影响力指数较高的元素。

第二，关于成就行为的学习应以成就行为 4 要素中正体性、活性化和影响力指数较高的元素为主；而对于成就社会行为的学习则应以成就社会行为 4 要素中正体性、活性化和影响力指数较高的元素为主。

第三，满足完全机能能力 3 要素的自生性成长条件。

正如所指出的，当自我实现自由意志进行周期性循环时，个体创新能力在一生中不断增长。自我实现自由意志的周期性循环取决于自由意志 3 要素的自发性成长条件。

自我实现自由意志 3 要素的正三角形动态平衡就是满足自我实现自由意志自发性成长的条件。因此，一个具有完全机能行为的个人为了促进其完全机能能力的自主性增长，应该谋求和维持完全机能能力 3 要素或自我实现自由意志 3 要素的正三角形均衡状态。

③不完全行为和完全机能能力开发

不完全行为是指在成就行为和成就社会行为均未被激活的状态下诱发的行为。不完全行为中往往出现以下现象：

·个人自我和社会自我都很弱或没有形成

·个人自我和社会自我处于两极分化的状态

正如所指出的，当完全机能能力 3 要素的行为定位体现为两极化完全机能行为定位时，能够展现出个人自我和社会自我的两极化倾向。同时，当成就行为和成就社会行为的正体性指数低于 0.29 时，就无法在个人内部形成社会自我与个人自我或者社会自我和个人自我的表现极其微弱。

个人为了从不完全行为迈向完全机能行为，应该对不完全行为的诱因进行诊断。我们可以从 PSAD 对于成就社会行为 4 要素、成就行为 4 要素和成就指向性自由意志 3 要素正体性和定位的测定，来诊断不完全行为的诱因。对于不完全行为的个人，要想进入完全机能行为就必须根据其诱因进行以下学习。

当个人自我和社会自我都表现微弱或未能形成时，应该首先谋求个人自我的实现，然后再针对社会自我的形成进行学习。个人自我的形成表现为自我实现倾向性的开发。为了实现个人自我，位于潜在学习意志中的个人应该优先学习自我主导性能力开发的课程，然后再学习关于自我实现价值的内容。

当个人自我和社会自我处于两极化状态时，可以通过自我实现的价值学习或者行为的价值化学习调和个人自我与社会自我的关系。在此过程中，如果能学习自我的意义和作用将会有效提高学习效果。

12.4.3　PSAD与完全机能能力开发的学习效果

学习不是将学习的内容理解或识别为知识或信息，而是将学习内容自觉地表现在学习者的思想和行为上。自发性的思想和行为是内在动机的表达，内在动机是由正体性诱发的。因此，学习就意味着用学习内容的价值来实现学习者的正体性。

在以完全机能能力开发为目的的自我主导性学习中，当关于通用学习课程或定制学习课程的学习者的正体性形成时，他们的学习更容易获得成功。在这种情况下，会出现以下学习效果：

· 自我实现自由意志的成长

- 完全机能行为能力的提高
- 对于完全机能的积极态度的形成
- 根源性创新能力的激活
- 机能性创新能力的开发
- 先后天才能的开发
- 自我满足的知觉
- 个人自我实现
- 情商的提高
- 认知和感知能力的提高（提高学习能力）
- 行为价值化的表达
- 成就社会行为的诱发
- 完全自我实现的线索

正如所指出的，当个人从创新能力开发5阶段的特定阶段向下一阶段进入时，自我主导性学习效果在前3到4个月为10%~20%；在5~6个月内提高0%~5%，在此后的6~7个月内提高10%~20%。位于内在性和外在性完全机能的个人，为了迈向完全机能能力，应该在最初3个月或更长时间内坚持学习PSAD。

第四部

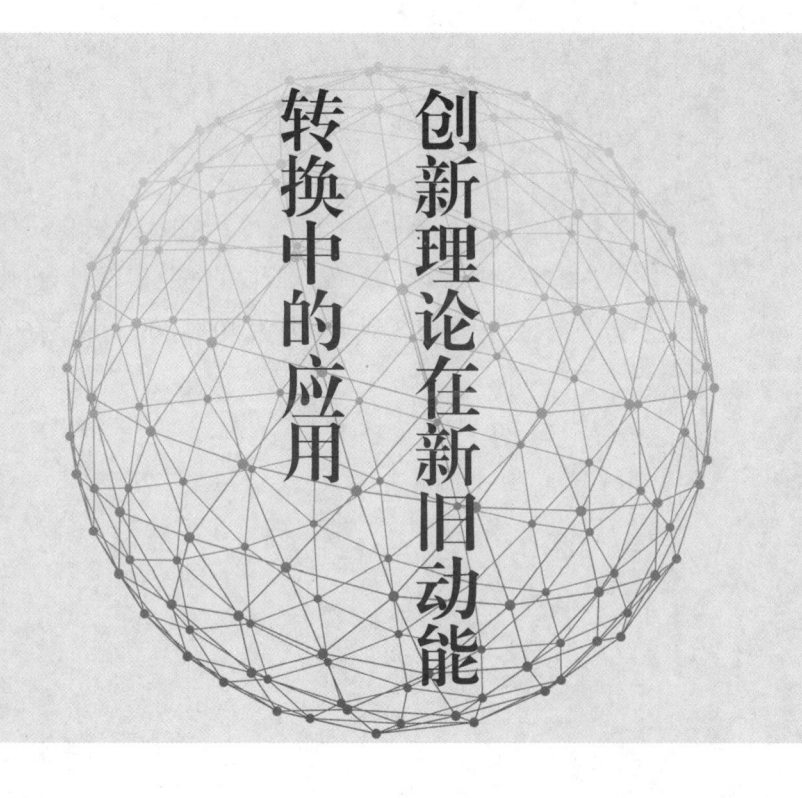

创新理论在新旧动能转换中的应用

第四部　创新理论在新旧动能转换中的应用

第十三章　价值化役量与竞争优势

13.1　研究目的和意义

如今的大部分企业由于经营环境的急剧变化和全球性竞争，处于过去没有经历过的激烈竞争中，竞争的强度也越来越高。这种全球性的竞争状况被认为是直接关系到企业存亡危机的问题，因此，企业希望利用多种竞争战略来保持竞争优势。对竞争优势和竞争战略的理论或实证研究也从很早以前就一直在继续。

Barney（1991）认为，当企业现在使用的竞争战略具有创新价值或其他企业现在或将来无法实施竞争战略，则利用该竞争战略的公司就会具有竞争优势。Hill&Jones（2004）表示，提高公司竞争优势的竞争战略是在利用资源和能力来实现低成本和产品或服务的差异化时制定的。

很久以前就有很多关于企业竞争战略的讨论，学界普遍使用波特（1980）的企业战略方法论。从最近的研究来看，关于竞争战略和竞争优势的研究大多集中在现有竞争战略理论的实证研究上（韩顺平，2002；施小云，2018；胡士平，2020）。

很多学者对竞争优势和竞争战略进行了研究，比较有代表性的竞争优势的典型方法大致分为基于波特的产业结构模型和基于 Barney 的资源禀赋模型。

在产业结构竞争战略中，企业的竞争优势依赖于企业所属的产业结构。李庆焕（2009）的产业结构模型研究指出，在 20 世纪 80 年代的战略相关研究中，产业结构论作为支配地位的理论范式，为公司的战略定位提出了有用的方法。但是，该理论在保持持续的竞争优势方面，存在一定的局限性。

产业结构模型中提到的企业生产所需的资源可以随时随地在市场上购买，对企业来说资源不是问题。但是，具有竞争优势的技术、资源等并不是随时随地都能从市场上获得的。产业结构模式具有将经营者集中于产业水平的特性，由于产业水平的变化不能给企业带来固有的便利，所以影响产业结构的资源配置受到了一定的重视。

产业结构理论提出了详细的竞争战略，但并没有说明实现这些竞争战略的方法。从这一点来看，产业结构竞争理论有其局限性。因此，为了弥补产业结构模型的局限性，出现了基于资源禀赋的模型。

在资源禀赋模型下，企业绩效差异不是产业结构，而是企业固有的资源或能力。该模型的出发点是，在相似的环境中，企业获得不同收益的事实决定了收益源不是外部环境，而是内部因素。在恶劣的经营环境中，也存在着持续高收益的企业，这就是资源禀赋的作用。资源禀赋模型假设企业在如何结合和使用资源的基础上开发固有的能力，获得差异化的资源。也就是说，资源和能力在企业间转移的可能性很低，这是竞争优势的基础。资源禀赋模型为经营者提供了获得可持续竞争优势的有意义的洞察力。资源禀赋模型可以区分市场获取的资源和企业内部开发的资源。竞争对手不应为了竞争优势而轻易模仿或复制，而应积极贡献成果。但是，许多资源随着时间的推移会被模仿或替代，因此很难仅以资源为基础获得可持续的竞争优势。另外，学者们运用资源禀赋论中的竞争条件仅仅分析了企业战略，没有提出理论或体系框架。

赵东成（2009）的研究表明，竞争战略是在整合的视角下使企业保持竞争力，并引导其在不断变化的环境中快速适应的基本框架。企业的竞争优势在于潜在消费者在竞争环境中优先购买自己的产品或服务。企业应该为此创出价值，并创出消费者可以购买的情况。李庆焕（2011）认为，价值化能够创出价值，并在环境上适用。因此，基于价值化的竞争战略会促使潜在消费者优先购买竞争对手的产品或服务。价值化源于价值化役量。价值化役量由五种价值化役量构成，即自我组织化、激励、创新价值、关系管理和环境引导。因此，在竞争战略发展的过程中，根源性5价值化役量越是同时有效地发挥作用，战略的价值化就越容易被诱发，企业就越能获得竞争优势。

从这个角度出发，本书说明了价值化竞争理论的基本内容，并对其进行实证研究，从学术角度为竞争战略的发展做出贡献，寻求适用于企业实务的竞争战略途径，为企业通过竞争战略提高竞争优势做出贡献。

13.1.1　研究内容

根据李庆焕（2011）的说法，价值化是创出符合价值条件的价值，并将其应用于环境的过程。行为的价值化创出价值，并创出其他人可以适用的环境。当我们的行为变得有价值时，我们可以通过与环境或他人结合来达到自己的目的。竞争战略意味着为组织生存创出最合理的条件。因此，价值化可以产生达到目的或解决问题的能力，关系到竞争战略。

从价值化的角度来看，产业结构理论是从目标的角度进行分析的，它提出了多种方案中最适合的方案选择过程，并没有解决问题的办法。资源禀赋理论提出了解决方案，但缺乏实用性。价值化理论是形成选择标准或判断标准，使之适用的系统，即产业结构理论只停留在价值化的价值层面，资源禀赋理论只满足权力要素的条件。两种竞争理论都不全面，无法实现价值创出和环境构建，不能实现价值化。因此，价值化理论在对企业竞争优势进行研究时，可以说是比现有理论基础更为科学有效的理论依据。

现有的竞争战略理论只提出了目标，没有展示实现目标的办法。另外，评价这些理论的应用是否成功的标准也存在问题。因此，以价值化理论为方法研究企业竞争优势是好的选择。

组织通过自我组织化、动机赋予、价值创出、关系管理、环境引导的互动，产生权力，这些创出价值的要素称为根源性5价值化役量。组织成员各有其根源性5价值化役量。每个人的情况不同，根源性5价值化役量的作用模式也不同。组织的竞争战略取决于组织价值化役量的开发水平，组织价值化役量关系到五种价值化役量的激活。

组织成员的五种价值化役量越活跃，组织成员就越有可能进入个人价值化役量开发5阶段（潜在能力阶段、自我主导能力阶段、完全机能能力阶段、问题解决能力阶段和企业家能力阶段），进而开发个人的价值化役量。在个人价值化役量开发5阶段中，根据组织成员的人力分布，组织将进入组织能力开发4阶段，即潜在能力阶段、自我主导能力阶段、完全机能能力阶段和企业家能力阶段，从而实现组织绩效的提高（李庆焕，2019）。

因此，本研究根据价值化役量理论，对根源性5价值化役量如何影响竞争优势进行实证研究。

13.1.2 研究方法和范围

本研究通过参考国内外文献对价值化役量与竞争优势的关系进行实证分析，根据前期研究开发出64个问项，对位于山东省的大数据服务企业进行了问卷调查，收集了449份样本，并使用IBM SPSS26.0进行统计分析。

在进行实证研究的过程中，本书运用了因素分析、信度分析、聚类分析、单向ANOVA、双向ANOVA、多元回归分析及交叉分析等多种统计方法对研究假设进行了验证。

13.2 竞争战略与竞争优势的理论考察

13.2.1 竞争优势的理论考察

(1) 竞争优势

竞争优势是指公司的产品和服务能够被客户选择的能力，通过企业拥有的特殊价值资源形成的能力，通过企业的核心权力得到增强的能力。这种竞争优势是影响企业获得较高竞争性市场地位的因素，可以解释为同行业中特定企业实现高于行业平均销售额增长或营业利润的概念（张世珍，2010；Wernerfelt，1984；Porter，1985；Hamel&Prahalad，1989；Barney，1991；Collins&Montgomery，1995；Qiu，2008）。

竞争优势是消费者可以选择的整体概念，是企业产品和服务战胜竞争对手产品和服务的能力或制胜权力（张世珍，2010）。竞争优势是影响企业获得高竞争性市场地位的因素，通过拥有研发资产、企业品牌标识等具有特殊价值的资源而形成，并通过核心权力得以增强（Qiu，2008）。建立和保持竞争优势是实现卓越经营成果的核心要素（李俊久、李东明，2017、李钟硕，2017、金敏植，2019、Kaleka 和 Morgan，2017、Giting，2020）。

Andrew（1980）认为竞争优势是一种主要的理论，它将企业实现目标的各种计划或政策、企业应该参与哪些项目作为内容，决定企业是什么性质的企业。波特（1985）将竞争优势定义为可持续的适宜性创新，为了达到这种竞争优势，从特定的产业角度，与波特的5种竞争力模型一起，加强成本竞争力和差异化研究。

Ohmae（1991）将竞争优势定义为相对于竞争对手的优势问题，是用有效的方法提高自身优势的努力，Teece（1997）认为企业竞争优势取决于企业固有类型的资源或能力、难以模仿的学习资源和开发的途径。

Chaganti 等人（2002）以中小制造企业为对象，研究了企业家风格、竞争优势、企业结构对公司成长的影响，认为中小制造企业要想提高企业绩效，需要有区别于竞争优势要素——成本要素竞争力的强化手段。O'Regan 等人（2004）认为，具有企业外部性和创新性倾向的企业将长期影响经营成果，形成内部性倾向。

Shenhar et al.（2007）认为，与 Porter 的战略理论类似，在成本竞争力、质量优势、顾客观点因素上增加优势是主要因素。在环境、竞争优势、组织结构等方面适合性越高的企业，用投资资本收益率（ROIC）衡量的经营成果就越高。

Zou（2009）的研究表明，消费者导向性越高的公司，越能提高创新和市场环境划分化所构成的竞争优势、感知质量及消费者满意度等，从而提高市场成果，提高利润和市场占有率。Franca（2010）强调企业为了改善质量，应保持现有客户和长期节约成本，并强调长期在市场上具有竞争力。

Hill et al.（2014）将竞争优势的含义视为低成本结构和产品或服务的差异化，提出了通过企业资源的利用实现价值、竞争优势和确保基本要素的卓越的效率和质量、创新和顾客反应性。

竞争是国家、集体、个人等的角逐，当多方或双方试图获得不可拥有的东西时，竞争就会发生。竞争优势源于企业产品在市场竞争中占据优势。

竞争优势或竞争力是建立企业区别于其他企业的有利能力。竞争优势是 Chamberlin（1933）在其著作《垄断竞争理论》中首次提出的，认为以资源配置为基础，获得比竞争对手更独特的市场优势是竞争优势。竞争优势是企业在市场竞争中表现出来的优势，体现为发展生产力的水平，是企业在创新价值和与同行竞争者相比，以较低的价格创新同等或更高的最终效益的能力。

竞争优势理论一般可分为内生、外生性竞争优势理论。其中后者更关注外部环境、市场势力等因素形成的竞争优势，前者以企业的资源观和权力观为切入点，认为竞争优势的形成更依赖于企业自身的资源或能力。

结合企业资源观来看，企业属于多资源集合，以企业的非专用性、专用性资产、异质性资源等为关注焦点，除此之外，资源禀赋理论也认为人力资本、无形及有形资产对竞争优势的形成和发挥具有潜在的影响。

企业权力观可分为整体权力论和核心权力论，二者分别由 Stalk 等人（1992）和 Prahalad 等人（1990）提出。其中，核心权力论得到广泛接受，后续学者运用企业知识论深入阐释企业竞争优势形成的根源，并深化和扩展了核心权力的概念。在企业知识论中，核心权力被定义为企业所拥有的难以模仿的知识、价值极高的知识，特别是看不见的知识和认知学习等能力。Nonaka（1991）认为，竞争优势是企业在知识扩散、创新和增长过程中形成的独立资源。王俊秋（2016）通过研究发现，主营业务利润率指标可以在一定程度上体现企业主营业务的实际收益能力和产品所具备的市场竞争力，同时可以在一定程度上反映企业在产品市场上的垄断水平。企业的垄断定价能力也随着较高的主营业务利润率而增强。Tang（2009）也指出，上述指标可以消除企业利润管理行为对实证研究的影响。

国外学者对企业竞争优势的定义最早是由 Chamberlin（1939）提出的，"优势"一词被定义为优越的位置、状况或由于某种行为而产生的利益。战略理论设计学派的 Alderson（1965）在 SWOT 分析框架中提出了企业的优势，他认为企业在所处的环境以及自己拥有的资源中寻找企业的相对优势。也就是说，企业的优势源于企业的外部条件和内部条件。Hofer 和 Schendel（1978）将企业的竞争优势视为企业通过配置其资源而获得的竞争对手的市场份额。"可持续竞争优势"一词由 Porter（1985、1997）发展为企业的可持续竞争优势（SCA：可持续竞争优势），认为企业可持续竞争优势是竞争市场中企业绩效的核心。

我国学者在研究中，提出了竞争优势的定义，竞争优势是指企业在市场竞争中相对于对手的优势竞争地位和竞争实力，企业的优势地位是较好的地理位置、优越的产业地位、优越的政策地位，主张是由各种内外部条件造成的。刘智胜（2001）认为，竞争优势表明，企业在市场竞争中，在市场份额、利润或增长率等方面超越竞争对手，处于相对有利的地位。同时也提出了竞争劣势和竞争均匀性的概念。王艳（2003）把企业的竞争优势看作是企业依靠自身的技术、产品、服务与行业内企业竞争时表现出来的相对竞争优势。马刚（2006）认为，竞争优势是由于企业拥有独特的资源和能力，在市场竞争中持续取得高于行业平均收益的市场成果，竞争优势是持续的结果。王金祥等人（2014）认为，竞争优势是企业相对于竞争对手所具有的地位，拥有竞争优势可以获得不断增长的市场份额或超额利润。董宝宝等（2014）在研究企业创新能力时，将企业的竞争优势定义为企业比竞争对手能够快速应对市场波动，生产效能、产品质量、创新速度高于行业平均水平的特性。文超等（2017）认为，竞争优势是企业相对于竞争对手所拥有的价值优势或能力优势，企业的竞争战略对企业竞争优势的获得至关重要。

竞争优势的理论讨论表明，竞争优势与价格、成本、差异化等竞争因素有关。企业必须通过这些竞争因素创新价值，并创新客户购买这些价值的环境。正如前面提到的，价值化就是创出价值，创出价值可以适用的环境的过程。因此，建立在价值化基础上的企业竞争战略，会促使潜在消费者优先购买自己的产品和服务，而不选购竞争对手的产品或服务，从而获得竞争优势。

(2) 竞争优势类型

李庆焕（1994）表示，相对竞争地位较高的企业可以获得竞争优势。在这里，竞争的位置是指竞争对手产品与本公司产品之间的价格、流通性、交货期、质量、可靠性等竞争要素的相对位置。因此，大部分学者基于这些竞争因素对竞争优势进行分类。

①产品和服务的价值与消极竞争优势

产品或服务的内在价值由竞争因素（如价格、质量、设计、发货日期或服务）表现出来。与这些产品或服务相关的竞争力要素是企业提供的特定类型的价值。因此，当企业提供的与产品或服务相关的竞争要素相对优于竞争对手时，就可以获得竞争优势。例如，当企业以更好的质量工作时，在质量上占据竞争优势；在以比竞争对手更低的价格提供产品或服务时，在价格上处于竞争优势。基于产品或服务内在价值的竞争优势称为被动竞争优势。

Rockeah（1968）认为企业的价值是关于个人或社会方面合理行为的特定形式或存在状态的基本确信，并将价值分为手段价值和最终价值。手段价值是达到目的的手段，意味着为了达到目的可以接受的行动。最终价值意味着经营者想要达到的目的或最终状态。最终价值与手段价值协同作用，为目的的设定和实现提供可能的方法。

福斯特（1981）指出，价值是判断的标准，行动与制度结构中的价值有关。Ansoff（1965）将其概念化为追求企业目的行为的价值。Simon（1978）认为，企业的目的是为企业行为制定对策和提供选择标准。March等人（1958）认为，在企业目的之上，下位目的是达到上位目的的手段。从企业的目的和企业的价值及手段的这种关系来分析，组织的价值关系到目的（最终价值）和构建目标的行动方法（工具性价值或实现目标的工具）的选择标准。也就是说，企业的价值是选择标准，是被选择的意图目标。

Robbins（1996）具有企业价值的内容和强度属性[1]。内容属性表示实体的存在或操作的最终状态很重要。强度特性规定了这有多重要。如果将该值作为强度属性进行排名，将成为个人的价值系统。企业具有价值体系形成的价值层次结构。该制度具有自由、快乐、自尊、正直、服从、平等等价值观的相对重要性。

所罗门（2007）说，企业价值的个人集合在消费活动中占有非常重要的地位。客户购买产品是因为他们相信自己购买的产品或服务有助于实现

---

[1] Robbins, T.W. and Everitt, B.J. Neurobehavioural Mechanisms of Reward and Motivation. Current Opinion in Neurobiology, 6, 1996:228-236.

与价值相关的目标。企业的价值与目的有关，在企业目的之上，下位目的是上位目的的实现手段。因此，在人的价值系统中，上层的价值涉及意图的目的，下层的价值涉及实现目的的手段的选择。

Reynolds等人（1988）把企业的价值表现为企业手段和企业目的的连锁模型。在这个模型中，特定的产品特性关系到被抽象到更高级别的最终价值。人类具有价值化形成的最终状态，为了达到这种最终状态，人们会从替代方法中进行选择。因此，产品或服务作为实现最终目的的方法而变得有价值。例如，将手段价值和最终价值的概念应用于消费者的购买行为时，服务的质量、便利、产品的功能、安全或经济性等产品或服务的特性就成为手段价值，这些价值就成为为消费者提供快乐生活、幸福感、快乐、自豪感等最终价值的手段。

战略研究者表示，企业的竞争优势关系到为顾客提供比竞争者更大的价值。例如，Lussier（2006）认为，企业的竞争优势是规定企业以何种形式提供固有的企业价值。竞争优势是如何在激烈的竞争中区别对待企业，以及人类如何购买企业的产品或服务，而不是竞争对手的产品或服务的回答。David（2007）将企业的竞争优势定义为比企业做得更好。无论竞争对手做不到的任何事情，或者拥有竞争对手想要的东西，都意味着企业的竞争优势。Williams（2007）表示，企业的竞争优势意味着企业比其他竞争者提供更多的价值。

Anderson等人（2004）认为，价值是指顾客在技术、经济、社会和服务方面将产品的效益折价。Barney（2007）指出，当企业创新出比竞争对手更大的经济或非经济价值时，组织具有竞争优势。经济或非经济价值是产品的总经济或非经济成本，以及它们之间的购买者从产品中获得的知觉偏益的差异。企业竞争优势的大小是组织创新的经济或非经济价值与竞争者创新的经济或非经济价值之差。因此，组织的竞争优势关系到组织为消费者提供的企业家价值，即产品所包含的价值。

②环境领先与积极竞争优势

组织通过对自己提供的产品创新消费者积极或友好的特性、市场环境或市场状况来实践竞争优势的一系列行为，是组织对市场环境的引导。也就是说，市场环境的引导涉及通过友好的态度、市场环境及市场状况的创新来提升产品或服务价值的活动。市场环境引导竞争优势称为积极企业的竞争优势。

与其他竞争者相比，即使是没有创新出更高企业价值的组织，在形成有利于组织的市场环境或市场状况（例如，组织与消费者之间建立信任关系或政府机构的支持或保护）时，消费者也会意识到这些组织的产品或服务具有更高的价值。这种组织可能具有竞争优势。产品或服务的价值有时也由市场环境或市场状况决定。因此，组织与其单纯地适应市场环境，不如创新有利于组织的市场环境或市场状况。

创新有利于企业的环境或状况的方法多种多样。如果领先企业将自身的权力要素开发为核心权力，并将其定为产业标准，那么这些流程将为企业创新一个友好的环境。友好的环境可以创出企业的竞争优势。

在人的特性中，对知觉影响更大的是态度、动机、利害关系、过去的经验和期望值。态度与对对象的否定或肯定的评价有关，会影响行动。态度由情绪、认知和行动要素构成。认知因素关系到人们对态度对象的认知和信任，情感因素关系到对象所创新的情感，行动因素关系到对对象采取特定的方法来实施。态度会因学习或通过培训或说服而改变（Lefton，2006；Davis，2007）。因此，企业可以通过改变消费者对自己产品的态度来获得竞争优势。

Ajzen（2001）认为，人类特定的心理态度越是在内心迅速地表现出来，人类就越是按照其态度采取行动。另外，行为规范是联系态度和行为的重要调整者。社会规范对每个人都意味着内在化的社会群体的标准或价值。当集体规范与个人行为不同时，人们倾向于不按自己的态度行事。当集体规范具有个人态度和一贯性时，人们倾向于将自己的态度付诸行动。

积极竞争优势和消极竞争优势引导企业走向成功。但是环境领先的罕见的积极竞争优势，竞争者们无法轻易效仿，竞争优势会持续更长时间。因此，企业应充分考虑积极的竞争优势。

13.2.2 现有竞争战略研究

竞争战略是企业获取和保持竞争优势的主要决策过程，是一种具体的思考方法，它可以系统地分析企业在竞争环境中如何保持竞争优势（金艺源，2019）。

虽然战略这个术语在很多研究中被使用，但是对于明确的概念却有很多看法。这是因为战略受到组织环境、组织结构、组织文化、内部资源等多种特性因素的影响。

将战略的概念首次引入经营学的 Chandler（1962）将企业制定长期目标、为实现目标而进行的活动计划和资源分配等称为战略。从组织成长的角度出发，制定关于产品、市场规模、竞争优势、协同效应等主要决策的规则被定义为竞争战略。他将决策的种类分为战略决策、业务决策和管理决策三种类型，并指出战略决策是与外部环境关系中最为核心的，通过选择产品和市场来决定产品目标、多元化战略、拓展战略、财务战略和成长机会等（Ansoff，1965；Child，1972）。Hambrick（l983）表示，战略具有多种概念是因为缺乏连贯性，战略本质上是多维的，是情景的。他的研究表明，策略同时包含过程和内容，意图策略和实现策略可能相同，也可能不同。另外，由于可能有组织层面的战略和事业单位的战略，战略研究可以包括概念性的和分析性的两种（Chaffe，1985）。

企业的战略一般是指竞争战略。竞争战略是一项核心决策，它可以分配稀缺资源，确保和保持组织的竞争优势（张世珍，2010）。竞争战略是为了应对外部环境中的机会因素和风险因素，利用内部优势和弥补劣势的一系列行动，确定企业目标，制定实现既定目标的方针、计划等，参与决定业务范围的各种决策（Andrew，1980；Learned，1969）。

从最近的研究来看，大部分集中在为了竞争优势的竞争战略的实证研究上。韩顺平（2002）从服务企业的角度总结了竞争战略的基本理论框架，并提出了将其应用于我国实际的具体方案。施小云（2018）研究了企业竞争战略的发展阶段及其在我国的应用；胡士平（2020）介绍了用案例分析方法构建制造业服务化战略竞争优势的方法。

在实证研究方面，王秀晶（2004）总结了国内外关于竞争战略的理论成果，用实证的方法对 SGMW 公司的竞争战略进行了分析，发现价值创出在竞争战略中起着非常重要的作用。耿禧则（2014、2015）以价值化理论为基础，初步构建了中小企业竞争战略评价体系和民营企业竞争优势来源分析模型。孔令明（2009）以中国山东省 103 家权力电子企业为对象，实证证明了价值化的实践方法 Power Process 能够获得生产企业的竞争优势。孔令明（2020）以价值化理论为基础，得出了新旧动力转换可以获得服务企业竞争优势的结论。

竞争优势是指产业内企业在市场占有率、收益率、投资收益率、成长性等方面超过其他企业。企业竞争战略研究的目的在于开发一套规范的理论，使企业能够采用有竞争优势的竞争战略。战略的规范理论与微观经济学有着紧密的联系，因为微观经济学与企业之间的竞争及竞争性行为密切相关。

Barney（1985）指出，在微观经济学中，竞争的概念被多种定义，但被广泛运用于竞争战略理论的是产业结构竞争、企业资源差异化等。在这一方面，本章将立足于这两种竞争概念来讨论竞争战略。

（1）产业结构观点

当把产业称为生产类似替代品的企业群时，支持产业结构竞争论的人认为企业竞争力依赖于企业的产业结构。当然，影响企业竞争力的因素有政治、社会环境等，但更重要的是特定企业竞争的产业结构。

Teece et al.（1997）认为，企业的竞争战略旨在对竞争企业在其组织所属产业内实现位置变化。Hill 和 Jones（2004）认为，组织竞争优势的竞争战略是在利用资源和能力来实现低成本和产品或服务的差异化时制定的。

Mason（1987）表示，企业的利益取决于其组织所属产业的结构，此后 Porter 总结了影响企业收益的产业结构的特征：

进入壁垒的存在和价值

行业内竞争对手的数量和大小

替代品的威胁

供应商的谈判能力

买方的谈判能力

这5种竞争因素以产业内的企业为中心具有同样的相关性。

产业新进入改变了市场份额竞争和生产力竞争和价格构成，影响着组织的收益。进入威胁的强度依赖于进入壁垒和现有组织对进入的应对方案。换句话说，如果进入壁垒很高，现有组织的应对力度很强，那么对该组织的威胁就会很小。

产业内现有组织之间的竞争情况多种多样。例如，价格或质量竞争或广告，以及为适应新产品或服务的引入和多种消费者需求而进行的灵活性竞争等。实际上，现有组织之间的竞争关联强度是根据竞争组织的数量与竞争组织之间的均衡、产业的成长过程、成本或库存费用、产品或服务的差别或更换与联盟费用、撤退相关的壁垒及战略上的利害关系等不同而表现出来的。但是，我们必须考虑到，这些界定竞争强度的因素是随着时间而变化的。

对替代品的竞争威胁来源通常在产业外部，这对特定产业中组织的利益起着决定上限的作用。

供应商或买家的谈判能力正在影响着公司的竞争力。供应商的原材料价格和质量直接影响企业产品的价格和质量，满足购买者的要求对公司的利益起着绝对的作用。

在产业结构中，进入壁垒大、竞争对手少、产品差异化程度高、需求弹性低的企业可以比不进入壁垒的企业获得更高的收益。在这种观点下，波特认为企业战略可以决定产业的结构特征和企业收益之间的关系。从这个角度来看，波特分析认为，选择合适的产业作为公司的竞争力战略，或者更好地理解5个核心要素是很好的选择。通过战略活动比竞争公司占据优势，分析为有利于竞争公司的产业结构。

竞争优势基本上来自组织为消费者创新的价值，这些价值必须超越创新价值所需的成本。企业价值是消费者乐于支付的，具有竞争力的价值是在为同一个便利提供低于竞争者的成本时产生的。从这种观点来看，企业的竞争优势依赖于成本优势或产品或服务的劳务差别化。

但波特认为，这种价格上的优势及差异化依赖于产业结构，作为产业内平均以上成果的战略，并提出了成本上的优势战略、重点化战略及差异化战略。

①成本优势战略

成本优势是指通过比其他组织更具有成本竞争力，从而在产业内保持优势地位。一旦拥有成本优势的组织，即使存在强大的竞争因素，也能获得平均以上的利益。但就价格优势而言，为了取得平均以上的企业成果，与竞争对手相比，在产品或服务的劳务差别化方面应该相同或相似。

②差异化战略

所谓差异化战略，是指在产业内，为了确保组织在特定层面上从消费者那里获得很多价值而采取的独特战略。因此，组织可以在产品或服务交付系统或营销策略等方面进行差异化。例如，差异化意味着可以向客户提供唯一差异化的产品或服务。

但这意味着，组织在追求差异化战略时，不能忽视价格，也不能把价格本身作为首要战略目标。因此，差异化战略是在价格或费用溢价超过唯一的附加费用（价格）时得到的。

③重点化战略

重点化战略是将有限的市场环境从消费者群体或地区的角度集中起来。成本优势战略或差异化战略是以整个产业为目标的，而重点化战略则是针对产业内有限的狭窄市场范围，运用成本优势战略或差异化战略，可以带来平均以上的企业绩效。

在这方面，组织不能同时追求前面提出的三种战略。这是因为组织的可用资源是有限的，而且他们的战略之间是相互排斥的。因此，必须有选择地追求某一个目标，波特指出，不能持续追求某一目标的组织在中长期内是无法发展的。

产业被称为生产类似替代品的组织的集群。产业结构学家认为，组织的竞争优势依赖于该组织所属产业的构成。产业结构竞争理论作为影响组织竞争优势的因素，可以指出政治、社会环境因素等，更重要的是认为组织进行竞争的产业结构决定了组织的发展。

Teece 等（1997）指出产业结构竞争战略是 20 世纪 80 年代战略研究中的主导模式。该模型假设了一个企业会后悔的战略行动，以建立五种竞争权力的防御地位。产业结构竞争论者说，可持续竞争优势的源泉主要依靠企业竞争中的产业结构。与产业结构影响企业绩效的可持续性相比，反映了形成竞争优势的能力（Grant，1991，Porter，1991）。

产业内现有企业之间的竞争多种多样，价格或质量竞争，广告或新产品引进，以及为了应对各种顾客需求而进行的灵活竞争等。实际上，现有企业之间的竞争强度取决于竞争对手的数量与竞争对手之间的均衡关系、产业的增长速度、固定费用与库存费用、产品的差异性或更换费用、撤退壁垒及战略利益关系等。但是要注意，决定竞争强度的因素随着时间的推移而变化。

供应商和顾客的沟通能力正在影响着企业的竞争力。供应商供应的原材料的价格和质量直接影响企业产品的价格和质量，买家的需求对企业的利益起着绝对的作用。

从产业结构竞争逻辑来看，进入壁垒高、竞争厂商数少、产品差异化程度高、需求弹性高的产业企业比不进入壁垒的企业能够获得更高的收益。在这种观点下，波特将选择合适的产业作为企业的竞争战略，或者将前面所指出的5种权力比竞争对手更了解，并将战略活动引向有利于自己的产业结构。

分析韩国先行研究中定义的企业竞争战略的话，金英培（1986）解释说："为了在既定的市场环境中获得竞争战略，将企业的机会和威胁因素与企业内在的资源要素有机结合的一系列行动，是在选择中表现出来的形态。"赵东成（2009）的研究还表明，企业的竞争战略是在整合的视角下，引导企业保持竞争力，快速适应不断变化的市场环境的基本框架。由此可见，企业的竞争战略是带来竞争优势的方针，并与提出组织的长远方向，通过组织内资源的有效配置提高公司价值有关。

竞争战略是企业为了在特定产业或市场上获得或保持竞争优势而采取的整体行动，这种整体行动是在公司战略的指导下，围绕"以更高效的方式为客户提供最佳价值"的一系列活动（Wang Xiuteng，2004）。

Saloner等人（2001）认为产业结构竞争理论产生了组织成果的重要知识，但忽视了这些企业成果的内外部硬性因素。

Teece等（1997）认为，在产业的结构性竞争中，经济利益是由垄断产生的，这大部分不是从组织层面创新的，而是从产业层面创新的。另外，产业结构性竞争的方法对于理解在不同文化环境中成长起来的国际性组织之间的竞争并没有多大帮助。他们主张，从市场导向的角度来看，对于有魅力的市场，确保或开发必要的资源并不是问题。根据Black等（1982）[1]，产业结构模型具有行为重复的风险。由于一些组织处于一个有吸引力的产业中，所以可以将其视为成功的企业。产业结构模型不仅没有告诉组织如何通过某种方法获得有利的市场地位，也没有告诉任何组织能够持续这种地位的方法。

产业结构模型使企业集中于产业水平的特征，即使产业水平的变化使

---

[1] Blake R. R. and Jr. Mouton. A Comparative Analysis of Situationalism and 9,9 Management By Principle，Organizational Dynamics, 1982.

组织无法获得固有的便利，也会影响产业结构，使资源得以配置。这种资源分配使竞争对手可以免费乘车（McWilliams 等，1993）。如果说产业结构是决定企业成果的支配因素，那么经营者的这种决定就可以被正当化。一系列研究表明，产业结构对企业绩效的解释不足20%（Rumelt，1991）。因此，产业结构模型为组织的战略区位选择提供了有用的替代方案，但在接近企业可持续竞争优势方面存在着一定的局限性。

因为他们认为产业结构分析理论如果需要特定的资源要素，就可以被购买。但是，带来企业竞争优势的技术或专利资源并不是总能从外部环境中获得。从这个角度看，产业结构竞争理论具有其局限性。而且，产业结构模型虽然为组织的战略位置选择提供了有用的替代方案，但是对于可持续竞争优势的研究却存在一定的局限性。

（2）资源禀赋观点

Chamberlin（1933）认为，在一个产业中，企业的竞争发生在具有其他资源和特征的各个组织之间，这些资源及资产的有价值的差异使组织能够实行改变产业结构以利于自身的竞争战略。因此，资源差异导致的不均衡可以使组织获得竞争优势，指出组织之间的成果差异导致的核心竞争性差异是声誉、技术诀窍、管理能力及商标认知等。

Hirsheifer（1978）指出，由于产业中独特的资源和能力，竞争既具有完全竞争的特征，又具有垄断竞争的特征。

Barney（1997）认为，组织可以将特定的资源集中在哪些活动、哪些项目上，这是决定组织成果的决策。这种基于资源的观点将战略的焦点从外部环境转向了内部资源和内部能力，具有一定的意义。

另外，竞争战略与企业文化密切相关。企业的差异化战略更容易运用到企业创新、风险承受和个性等企业竞争文化中，而成本优势战略则更容易运用到与训练和对细节的执着等相关的企业竞争文化中。从这个角度看，企业竞争文化不是其自身的目的，而是提高竞争力的手段。

资源禀赋观点认为，组织性和差异依赖的不是产业结构，而是组织特有的技术或资源。这种观点假定组织基于如何利用和结合资产来开发其特有的能力，并获得差异化的特定资产（Spanos 等，2011）。

Barney（2008）概括了资源禀赋理论，具体分析为三个内容。第一，异质性资源是企业竞争优势的重要因素之一，异质性资源难以替代，价值性、稀缺性等特征是竞争优势的源泉。第二，在同类产业中，竞争者无法轻易获得异质性资源，从而使具有异质性资源的企业在产业竞争中获得持续优势。第三，提出了异质性资源获取与管理方法，具体包括组织学习、知识管理、外部网络建设等。

结合资源禀赋理论，多元化的提高会对竞争优势产生若干负面影响。Makadok（2001）提出，选择和获取资源是形成企业竞争优势的基本，配置和利用资源是企业发挥自身能力的核心手段。企业在实施多元化战略时，其原有的稀缺资源会受到稀释和损害，都会因持续提升的多元化程度而不断受到影响和冲击，从而对企业的竞争优势产生负面影响。

Wernerfelt（1984）认为，决定组织竞争优势的因素不是产业结构这一外部市场环境，而是个别组织的内部环境。因此，在组织内保持竞争力的是组织的内部资产。Conner（1991）说，资源禀赋模型为追求战略的经营者提供了以持续竞争力为基础的有意义的洞察力。

Saloner 等人（2001）认为资源在创出区位优势或优势能力时，是竞争优势的源泉。资源禀赋模型是一种强调根据企业内部资源进行机会和威胁分析的战略，企业的竞争优势依赖于内部资源。

Andrew（1997）和 Rogers（2002）等分析了企业基于资源访问的局限性。

①尽管资源禀赋观点对企业的战略经营做出了很多社会贡献，但并没有提出组织战略分析的概念或体系框架。

②在基于资源的观点上，比起系统性因素，更倾向于使用直观的方法。

③以资源为基础的观点说明资产和技术不能成为 20 世纪 80 年代和 90 年代初期生产战略分析的"最佳实践"范式。模仿全球企业的生产战略是只提供相似水平的竞争力，没有竞争优势。也就是说，从基于资源的角度

研究的特定企业的资源或流程不能被其他企业的固有特性应用于这些企业的战略管理之中。从企业的竞争力与价值创出有关的观点来看，关于如何将固有的资源与价值创出过程联系起来的讨论很少。

资源禀赋模型区分了要素市场中的可用资源和企业内开发的资源。要保持竞争优势，竞争对手不能获得这些资源。也就是说，仿真或复制并不容易，而且必须对性能做出积极贡献（Barney，1991）。

成功的企业需要成功地培育这些资源（波特，1991）。基于资源的竞争条件不提供分析企业战略的理论或体系框架（Andrew，1987）。

基于资源的模式的组织性和差异取决于企业的固有资源或能力，而不是产业结构。该模型的出发点是企业在相似的情况下产生不同的收益，收益源由内部因素而不是外部因素决定。资源禀赋模型的另一个资产是，在恶劣的商业环境中，有一些公司继续获得高收益。资源禀赋模型假定实体根据其合并和使用资源的方式开发其独特的功能并获得差别化的资源。换句话说，作为竞争优势基础的资源和功能在企业间转移的可能性很低。

资源禀赋模型为管理者提供了获得可持续竞争优势的有意义的洞察力。资源禀赋模型区分了市场上可用的资源和企业内开发的资源。为了获得竞争优势，竞争对手必须能够轻松地模仿或复制这些资源，并通过这些资源为自己的性能做出积极贡献。但是，由于可以模仿大量资源或随着时间的推移进行替代的可能性越来越小，很难仅凭资源就获得可持续的竞争优势。另外，基于资源的竞争条件不提供分析企业战略的理论或体系框架。

13.2.3 现有竞争战略的局限性

(1) 产业结构观点的局限性

Saloner 等人（2001）表示，产业结构竞争观点提供了关于企业绩效的重要知识，但它却削弱了对企业绩效的内部和外部修正因素。据 Telice et al.（1997）介绍，在商业结构中，竞争带来的经济利益源于垄断，垄断大部分发生在产业层面,而非企业层面。而且,产业结构竞争方式对于理解在不同文化环境中成长的国际企业之间的竞争几乎没有帮助。从市场导向的角度来看,他们认为获取或开发进入有吸引力市场所需的资源不是问题。根据 Black 等人(1994)的解释,产业结构理论认为产业结构模式存在重复的危险。这种观点仅仅认为,处于吸引力较强的产业中的公司就能够成功,这些公司所处的有吸引力的产业也能成功。产业结构模式不告诉企业如何获得这种成功,也不告诉企业如何保持这种成功地位。

通过产业结构模型,管理者可以将注意力集中在产业水平的特性上,这意味着尽管产业水平的变化使企业无法获得固有的福利,但却分配了影响产业结构的资源(McWilliams et al.,1993)。如果说产业结构是决定企业成果的支配因素,那么经营者的决定就可以被正当化。一系列研究显示,产业结构占企业绩效的影响力不到20%(Rumelt,1991)。因此,产业结构模型为企业确立战略地位提供了有用的手段,但难以解释可持续竞争优势的真正由来和确保优势的方法。

(2) 资源禀赋观点的局限性

Rogers(2002)等人指出了资源禀赋模型的局限性:

①尽管资源禀赋模型对战略竞争做出了很多贡献,但是对于竞争战略的理论或体系框架的提出还不够完善。

②从资源禀赋的角度来看,比起系统的方法,更多的是使用直观的方法。

③在资源禀赋模型中研究的特定企业的流程或资源,再加上它们的固有特性,都不能适用于所有竞争企业。从企业竞争力创出价值的角度来看,关于如何将企业的固有资源与价值创出联系起来的内容是缺失的。

在不确定的经营环境中,确定可持续竞争优势资源的优先级非常困难。基于资源禀赋的观点有行为反复的危险。成功的企业应该拥有其特有的资源,所以获得竞争优势。因此,成功的企业就意味着要成功地培育特有的资源(波特,1991)。

资源禀赋模型的出发点是,从类似经营环境下企业产生不同成果的事实出发，认为收益的来源是由内部因素而不是经营环境决定的。在恶劣的经营环境中，存在持续高收益的企业也可以用资源禀赋模型来解释。

资源禀赋观点为经营者提供了通向可持续竞争优势的洞察力。基于资源的观点将可从外部市场获得的特定资源与企业内部开发的固有资源区分开来。为了获得竞争优势，竞争者可以很容易地模仿这些特定的资源，并为经营成果做出积极的贡献。但是，由于大量的资源可能会随着时间的推移而被模仿或替代，仅仅依靠资源来获得可持续的竞争优势是很困难的。

现有的研究没有提出全面的或具有实践意义的方法来诠释竞争战略。为了解决这一问题，本书试图通过基于价值化役量的竞争战略方法进行实证分析，为竞争优势提出解决前面讨论的竞争战略问题的方案。

产业结构理论的观点指出了竞争战略的方向，没有提出建立竞争战略的方法。资源禀赋理论对获取竞争优势的能力进行了大量的研究，却没有指出竞争战略的方向。由此可见，在竞争战略的制定上，产业结构理论与资源禀赋理论的结合是必要的。

根据李庆焕（2014）的观点，价值化是为了创出符合价值条件的价值，并使之成为可以适用的环境的过程。因此，价值化企业竞争战略可以看作是一种同时提出获取竞争优势的方法、能力和方向的竞争战略方法。基于价值化役量的竞争战略研究通过价值化为竞争能力提供了更科学、更深入的接近方法。因此，在竞争战略研究中，价值化役量理论作为一种研究工具是非常可取的。

13.3 价值化与竞争战略

13.3.1 价值化的概念和根源性5价值化役量

(1) 价值化的概念和作用

Lussier（2006）[①]认为竞争优势是组织提供固有价值的方法，这不是竞争对手的产品，而是区别于竞争对手的部分和人们购买产品的方法的答案。竞争力意味着企业的能力和手段创出竞争优势。因此，产品的竞争力是让消费者购买自己的产品而不是竞争对手的产品的过程。在这种观点下，创出这些企业的竞争力的过程是非常重要的。

价值化是创出符合价值条件的价值，并能适用的环境的过程。换句话说，行动的价值化创出了价值，也创出了别人应用它的环境。如果我们的行动很重要，可以通过与环境或其他事物的结合来达到我们的目标。因此，行动的价值化产生了达成目标或解决问题的能力。

因此，价值化不仅是实现目标和解决问题的过程，也是创出价值和创出适用价值的环境的过程。如果生产产品并由客户购买产品，即按照价值化的观点来制造产品，则该过程将成为创出产品竞争力的过程。

价值化的作用体现在：

①引发以客户为导向的组织行为。

②引导组织成员的沟通能力。

③自主开发解决问题的能力。

④倡导自主组织学习。

⑤培养组织成员的最佳决策能力。

⑥激发对业主和组织的忠诚心。

---

① Lussier Robert N. Management Fundamentals Concept Applications Skill Development, THOMSON, 2006.

⑦以伦理经营为主导，创出可持续竞争优势。

⑧引导组织创新。

⑨建立互利合作的组织秩序。

⑩防止业务角色变异。

因此，应该从价值化的概念出发，制定竞争战略。

(2) 根源性 5 价值化役量的概念和作用

价值化役量是一种先天性的能力，由五种价值化役量构成：自我组织化、动机赋予、价值创出、关系管理和环境引导（李庆焕，2020）。

①自我组织化役量

自我组织能力是将知识、技术、经验、才能等有形资源结合起来，创出以价值化为基础的价值要素的过程。评估元素指定了评估方向，提供了价值创出和消亡的原因，企业可以有多种评估元素。例如，企业的生产技术、类型及无形资源品牌价值等是价值因素。自我配置功能将这些元素结合起来生成新的元素。在企业层面，有技术、人力资源、资本、组织文化、市场占有率及制造成果等多种价值要素。

②动机赋予役量

贝尔森等人（1964）认为，动机赋予是一种以行动和欲望为中心形成的内部状态，可以激活行动，指明行动方向，持续行动，执行行动的稳定功能。

动机赋予的功能体现为以下行为特性：

激活措施：动机引起行动。有机体内的缺乏或外部刺激可能是行为诱发的因素。通常外部行为发生在动机上，但没有外部行为并不意味着没有动机。

措施方向：激励与目标导向的行为有关，所以它是方向性的。因此，作为同步状态的指标，很多时候会考虑行为的方向性。

行为的可持续性：即使成功的可能性很小，也会保持一定的行为方式。

行为的可持续性被视为同步的指标，但行为持续时间取决于可用的行为替代方案。

稳定性导向行为：同步行为追求目标达成。达成目标改变行为，停止兴奋或紧张，有机体得以满足。

因此，动机赋予与触发人类行为、提供和引导人类行为的方向及这些行为是如何维持和持续的有关。

动机赋予役量是对别人的意图行为产生动机的能力。欲望作为对缺乏或新形成的跳跃，提供了行为的线索。因此，动机赋予役量包括了激发人的欲望的能力。

激励因素是一个环境事件（Lefton，2006）。人们往往试图通过赋予他们所拥有或控制的类型、无形或经济资源作为动机，来激发他们在其他人中的行为动机。

如前所述，措施的评估是创出价值和创出适用环境的过程。因此，以价值观为基础，在创出动机赋予因素时，通过在对方内部形成自己想要的行为来实现动机赋予。因此，动机赋予是一种有价值的能力。

③价值创出役量

价值是选择的标准或有意识的选择目的。产品的价值是竞争力要素，如价格、质量、设计、配送日期和灵活性。共同价值创出被广泛定义为客户和企业为了共同创出价值而合作的所有活动（Ranjan&Read，2016）。

朴正宇（2015）指出企业为了进行价值创出活动，并通过根本性的变化实现创新，首先要进行个人层面的创新活动——员工的创新行动。也就是说，为达到组织目的而执行核心业务的职员的行为决定了企业创新的成功与失败。岗位权力是对下属员工进行持续的求变、激励、成果活动，是促进员工个人创新活动即创新行为的先决条件。

赵恩焕（2019）提出了以融合为基础的价值创出过程和系统。这有可能成为消除社会复杂矛盾，创出积极社会氛围的途径。

李燕（2021）表示，企业的价值创出应合理利用各种企业的优势，充分提升企业的竞争力。在企业竞争优势收益期内，可以合理利用各种优势和成果，获得高于行业平均水平的利润。当企业通过模仿消除了与竞争企业的差距后，企业的竞争优势对企业价值创出的贡献能力也在下降。因此，应以创出价值为导向的财务战略管理为基础，考虑竞争优势的持续性。只有保持足够的竞争优势，才能为企业创出足够的价值，这样的竞争优势才是稳定的。

学者们提出了基于价值管理的管理会计框架（Ittner and Larcker, 2001）。企业主张从股票价值出发，着重分析顾客价值形成的原因。也就是说，从获取顾客价值开始，企业就已经开始了价值创出（冯巧根, 2015）。从20世纪开始，管理会计研究范围扩大到对顾客价值、股票价值等的确认和计量，扩展到以战略为导向的企业价值创出。这种观点认为成本管理是价值创出的前提。企业可以通过战略管理、成本管理、运营管理等途径增加企业的价值（王富兰、国峰兰, 2019）。而且，学者们立足于资源、作业流程等因素，围绕价值链进行研究，认为价值创出是管理会计的本质特征。另外，从组织管理活动的角度来看，管理会计也可以通过改善组织经营来创出组织价值。以上研究肯定了管理会计的价值创出功能，但目前对"价值"概念的界定过于模糊，不能发挥会计确认和记录功能，限制了管理会计在实务中的应用。在价值标准的评价上，选择经济利润、会计利润、股东收益率等标准存在一定的缺陷。企业评价中普遍使用的经济增加值（EVA）具有比较优势（茨国华, 2015）。但是，经济增加值并没有在民营企业中大规模推广应用的先例。反而在公司财务中，现金流量贴现模型更具代表性、可计算性，使价值管理具备了实务操作的空间。邓成（2021）借鉴Datta（2017）的观点，对管理会计中企业价值创出体系结构进行了研究，从现金流量、风险和战略管理三个方面提出了企业价值评估的思路，构建出基于价值创出的管理会计分析框架。

而如何保持企业的竞争优势，就是将边际效用转化为增加。第一，需要金融工具的合作，将资产管理的重心转移到流动性和转化率上。第二，要通过技术创新实现资产价值曲线的跳跃。三是企业价值创出要立足于管理体制、程序制度、团队人才等方面。

此外，刘学其（2021）强调价值的核心理念是让消费者和其他利益相关者参与创出产品和服务价值的过程。在价值创出方面，网络企业有许多独特的优势。

因此，学者们对价值和价值创出的理解还停留在一个比较狭窄的范围内，对价值化的研究还处于不足的状态，因此需要一种以价值创出和价值化为基础的理论。

价值创出役量是与潜在购买者的选择标准相适应的竞争要素或能力。人们有自己的价值体系并选择与其相适应的行为。因此，价值创出役量包括了解人的价值系统的能力。欲望是购买产品的线索，但购买什么样的产品取决于价值。

④**关系管理役量**

关系是将本质上分离的事物融为一体的过程（李庆焕，2007）。因此，从价值化的角度来看，关系是关于制造权力的要素的结合模式，它们之间的联系是通过谋求结合而形成的。

关系管理役量是与他人建立关系并通过关系引导行动的能力。因为关系创出了引导行动的过程。人的行为因关系而异，关系本质上是一个融为一体的过程。因此，关系管理最终会产生成为一个整体的过程。

⑤**环境引导役量**

认识是人们为了赋予环境以意义而进行的情感或思想的组织和解释。不仅与对环境特性的认识存在类型上的差异，而且也没有很高的关联性（Robbins，1996）。而且，让人们做出决定的不是实质性的事物，而是认识。因此，被认知的世界对行为的作用比实际世界更重要。企业创新的产品或劳务的价值取决于企业满足的情况或状况，而不是企业创出的价值。也就是说，价值是由环境引导的。

环境引导役量是环境对有知觉的物体的积极或亲切的信息的认识过

程。环境引导包括通过友好的态度或情况的创出来提高价值的活动。以价值化为基础的环境引导能有效地让其他人对自己创出的价值进行感知并获得积极的信息（李庆焕，2011）。

通过营造顾客对公司提供的服务或产品的积极或友好的态度、环境或状况，实现竞争优势的一系列活动，公司称之为环境引导。也就是说，环境引导役量与通过建立友好的态度或环境来提高产品或服务价值的活动有关。环境引导者的竞争优势被称为积极的竞争优势。

根源性 5 价值化役量可以独立作用或结合起来，创新出多种功能性价值化役量。根据这种根源性 5 价值化役量的行动特性，从现有的竞争战略研究来看，资源禀赋理论聚焦于价值化理论的自我组织化层面。

根据资源禀赋理论，企业的竞争优势取决于企业所拥有的技术、原材料、人才等内部要素。根源性 5 价值和役量中的自我组织化役量可以看作是知识、技术、经验、才化等要素的结合能力。因此，资源禀赋理论强调的所有内部要素都可以通过自我组织化役量创新出来。因此，资源禀赋理论只重视自我组织化役量，可以看作是一种非常片面的观点。

可以看出，产业结构竞争理论与根源性 5 价值化役量中的价值创出权力有关。按照产业结构理论的观点，企业的竞争优势受到与产业结构相关的市场进入壁垒、产业内竞争者数量、企业的相对规模、替代品的威胁、供应商的干预力、买方的干预力等因素的影响。价值创出役量是企业在所处产业中把握顾客价值的能力。在同一产业中竞争优势高的企业和竞争优势低的企业并存的情况下，企业竞争优势的获得取决于其价值创出役量的开发水平。

因此可以说，基于价值化役量的竞争战略方法包含了产业结构竞争战略和资源禀赋竞争战略模型的主要内容。在企业竞争战略的制定中，基于价值化役量的竞争战略可以看作是一种比较全面和具体的研究理论和方法。

13.3.2 价值化与个人

(1) 价值化与个人役量

个人役量是由具有正体性的人性役量与个人经验和知识等知识特性的相互作用形成的。也就是说，个人役量=（具有正体性的个人的人性役量）*（智力特性）。具有正体性的人性役量在个人役量的形成中起主导作用。个人的智力特性形成模式激发了人性 5 役量，为个人役量的形成提供信息来源。

每个人都天生具有人性 5 役量，即创意役量权力、情绪智力、自我实现自由意志、自我净化权力和价值化役量。

人性 5 役量是先天性的，它能塑造自我正体性，在个人役量的形成中起主导作用。个人役量特性依赖于形成时起支配作用的人性役量和个人的智力特性。人性 5 役量中，哪一种在个人役量形成中起支配作用，决定了个人役量的类型，在价值化役量支配下，自发学习组织形成，从而获得竞争优势。

基于价值化役量的竞争战略研究表明，企业可以通过价值化役量的激活作用，开发价值化个人役量，实现人性役量的开发，人性役量的开发程度决定了价值化与个人役量的水平，使企业获得竞争优势。

因此，基于价值化役量的竞争战略研究，揭示了通过个人役量获得竞争优势的原理，为竞争力提供了更科学、更深入的研究方法，在竞争战略研究方面，价值化研究方法是非常可取的。

(2) 价值化与个人役量开发 5 阶段

如果个人的 5 种价值化役量都没有被激活，个人就处于价值化个人役量开发的潜在能力阶段；在个人的根源性 5 价值化役量中，如果激活 1~2 个，个人将进入自我主导能力阶段。如果在个人的根源性 5 价值化役量中激活 3 个，那么个人将进入完全机能能力阶段。如果在个人的根源性 5 价值化役量中激活了 4 个，那么，个人将进入问题解决能力阶段。如果个人所有的根源性 5 价值化役量都得到了激活，那么个人将进入企业家能力阶段。

①潜在能力阶段

人出生时自我实现倾向性开放了 80% 左右。这种自我实现倾向性使人在生理上、心理上、精神上都产生了向善前进的内在动机。但是，当阻碍自我实现倾向性开发的权力作用于个人时，个人的创新系统没有被激活，进入了潜在能力阶段。属于这一阶段的个人，往往不会表现出自己的天赋或可能性，而是被认为不是自己决定的人的想法或价值，即价值的条件所支配。

②自我主导能力阶段

个人拥有纯真淳朴的心，或者除去对自己起作用的权力的不合理条件，创新系统才得以激活，先天才能得以发挥，进入了自我主导的能力阶段。自我分为个人自我和社会自我。意志根据意志形成的基础自我的类型，分为学习意志和自由意志。

自我实现自由意志使个人表现自我实现的人性，诱发自我主导行为。这种自我实现自由意志实现个人和社会的自我。实现个人和社会的自我都是完全的自我实现（李庆焕，2015）。

自我实现倾向性越强，越容易形成与社会自我和谐的个人自我。这种个人自我的形成，使个人形成自我实现自由意志，进入自我主导能力阶段。

③完全机能能力阶段

自我实现自由意志成长时，个人进入完全机能能力阶段。自我实现自由意志诱发行为的合理性、一贯性、积极性和自律性。这些称为成就行动 4 要素，满足这些成就行动 4 要素的行动称为成就行动。

④问题解决能力阶段

自我实现自由意志成熟时，会诱发行动的价值化，个人会进入解决问题的能力阶段。属于解决问题能力阶段的个人以行动的价值化为特征表现出来。

价值化是创新符合价值条件的价值并创新适用的环境的过程。有价值的行为是创新价值，创新别人应用它的情况。如果我们的行动很重要，可以通过与环境或其他事物的结合来达到我们的目标。因此，行动的价值化创新了实现目标或解决问题的能力。

积极的、顾客导向的、独创的和自主结合的价值被称为行动的价值化条件。越是满足这些条件，我们解决问题的能力就越强。

⑤企业家能力阶段

完全自我实现就是实现个人和社会的自我。个人和社会自我在协调时会进一步激活创新系统，并对权力5属性产生效率性或同时多发性的作用。动机和情绪是通过权力属性和价值测量过程来体现的，因此，自我实现自由意志的成就行动会使我们产生完全机能的动机或情绪。完全机能的动机和情绪时而结合，时而竞争，使个人走向完全自我实现。

个人役量开发5阶段的特性既有独立的表现，也有相互交叉的表现。因此，个人役量在一生中是连续的、累积的成长（李庆焕，2019）。

因此，从个人价值化役量的角度来看，处于潜在能力阶段的个人价值化役量开发水平较低，处于自我主导能力阶段的个人价值化役量开发水平居中，处于完全机能能力阶段以上的个人价值化役量开发水平较高。位于企业家能力阶段的个人价值化役量开发是最高水平。

因此，根据根源性5价值化役量的活跃程度，通过价值化个人役量开发5个阶段的定位，可以了解个人价值化役量的开发水平。

13.3.3　组织的价值化役量

基于价值化理论的竞争战略认为，在价值化个人役量开发5阶段中，按照组织成员的分布，组织将进入组织价值化役量开发4个阶段，即潜在能力阶段、自我主导能力阶段、完全机能能力阶段和企业家能力阶段。

根据组织价值化役量开发4阶段，组织能力特性由共同的和个别的组织能力特性组成。共同的组织能力开发特性关系到与活跃组织的人性能力无关的组织能力开发性。例如，组织在组织价值化役量开发4阶段中，越接近潜在能力阶段，组织价值化役量开发就越微弱，而处于自我主导能力阶段的组织则自主地表现出组织价值化役量。而且，随着企业能力阶段的推进，组织价值化役量开发在工作中日常化。个别组织价值化役量特性是指根据活动组织的人性化能力，针对组织进行专门化的组织能力开发过程。

人口统计集群的标准价值化役量分布为（30-50-20）。也就是说，在一个组织中，处于企业家能力阶段和问题解决能力阶段的组织成员占30%，处于完全机能和自我主导能力阶段的组织成员占50%，而处于潜在能力阶段的组织成员占20%。人口统计学群体的价值化役量分布越接近标准数学价值化役量分布，二者的组织价值化役量越接近全球平均水平以上，组织享有全球竞争优势，经营成果高。

因此，本研究拟通过根源性5价值化役量，究明价值化个人役量的开发现状，根据组织内基于价值化个人役量开发水平的人员分布情况，了解企业的竞争战略水平，从而实证性地提出提高企业经营成果的方法。

13.3.4 克服价值化和环境的不确定性

在竞争战略研究中，对经营环境的过度控制是学者们经常提及的内容。许多学者认为，使用适合环境的战略对企业的生存（Drucker，1999）和成果有积极的影响（Miller，1988；Burns&Salker，1961；Thompson，1967；Lawrence&Lorsch，1967；Garbaith，1973）。也就是说，企业要想取得成果，必须在给定的经营环境和企业计划实施的战略之间具有高度的适应性（Andrew，1971；Child，1972）。寻求与环境相适应的经营战略的企业比不这样做的企业成果更好（Van de Ven and Drazin，1985；Venkarman，1989）。

李弘基（1997）和宋来宪（2004）认为，在企业环境特性和战略类型上，防御型比攻击型在战略活动中取得了更高的成果，在环境特性和战略要素之间的适合性验证中，环境特性因素与销售额的增长和战略服务之间存在内在的相关性。

最重要的是，在给定的经营环境中，决策者的战略选择非常重要。因为，事实上不存在适用于所有企业的战略，而且战略的选择必须取决于环境和情况（Donaldson，1996）。这不仅仅是为了适应环境，经营者还要考虑企业所处的经营环境，选择能够达到经营者设定目标的最佳战略（Child，1972；March and Simon，1958）。

许成俊（2018）表示，经营环境是影响企业成长的所有因素的集合，可以分为组织结构、企业文化、营业特性等内部因素和经济、规制、技术、社会文化等外部因素。

朴赞权、金彩福[①]（2018）表示，经营状况不确定性的增加会对企业成果产生负面影响，为了克服这种不确定性，企业必须提高敏捷性，努力应对不确定性。

根据赵容贤[②]（2018）的说法，经营者如果不能正确认识经营环境，就会选择错误的战略，企业的生存和成果也会流向错误的方向。因此，经营者要根据经营环境和情况，从战略上做出决策。

宋周完[③]（2020）将经营环境分为内部经营不确定性和外部环境不确定性两大因素，研究了它们对个人认知经营成果的影响。结果表明，经营环境的外部和内部经营的不确定性受到经营成果的显著影响。为了克服外部经营环境的不确定性，小型餐饮企业经营者需要转变对商品生命周期和新

---

① 朴赞权,金彩福.环境不确定性情况下Smart SCM观点的敏捷性役量对供应链成果的影响[J].企业经营研究,2018,81(0):63-89.

② 赵容贤.出口企业经营环境和经营战略、经营成果的实证研究[J].职业经理人研究.2018,21(2)：363-381.

③ 宋周完.小型餐饮企业的经营者特点和经营环境对认知经营绩效的影响[J].韩国外食产业学会集,2020,16(1):157-174.

产品出现的认识。为了应对客户的不同需求,需要对主要客户进行理解和管理,并通过与竞争对手的差异化战略来确保企业的竞争优势,寻找新的客户流入和增长动力。

白圭钦[①](2017)将经营环境分为内部环境和外部环境,将市场不确定性分为产品生命周期缩短程度、需求预测程度、技术发展预测程度、价格和技术的竞争性企业行为预测程度、营销环境不确定性、组织创新性、员工尊重、引入新创意、业务创意、执行任务意志、分类为创新性研究等。

吴兴镇、洪秀熙[②](2015)认为经营环境是外部环境变化和内部环境变化,外部环境变化是商品变化、顾客多样化、竞争加剧等,内部环境变化是商品开发能力、组织成员能力、营销能力,以了解经营成果的影响关系。

根据李庆焕(2019)的说法,经营环境是可能影响企业成果的外在因素。企业可以在自己所处的环境中获得生存所需的资源,并通过将自己能够创新的成果扩散到环境中来生存。

从价值化的角度看,企业为了获得生存所需的资源,必须将自身所处的环境与交换交易等权力结合起来。因此,企业是相互间的环境,为了生存,必须从其他企业获取资源,交换自己的产品,其交换形成社会主体生存共同体。

企业和经营环境的生存共同体性秩序依赖于它们之间的同步或拟时性的过程。这些企业流程形成了一种纯粹的功能性交换或权力结合的秩序,即它们之间能够满足彼此的价值或需求。价值化过程创新了环境选择的标准,即价值,并创出与之相适应的环境。因此,价值化过程在企业与环境之间形成了纯功能的交换或结合的秩序,为环境经营提供了重要手段。因此,企业内部价值化役量的开发程度越高,企业就越能克服经营环境的不

---

① 白圭钦.经营环境和经营战略及经营创新对经营成果的影响研究[J].职业经理人研究.2017,20(3):131-153.

② 吴兴镇,洪秀熙.酒店经营环境变化对餐饮(宴)部门经营绩效的影响:以从业人员认识为中心[J].旅游休闲研究.2015.27(6):211-231.

确定性。

因此，本研究旨在验证以经营环境因素为基础，基于根源性 5 价值化役量的企业价值化役量越活跃，企业是否越能克服经营环境的不确定性。通过这些研究，我们试图验证一种观点，即价值化竞争战略方法会产生经营环境的选择标准，即价值，并创出与之相适应的经营环境。

13.4 Power Process与价值

13.4.1 Power Process和积极权力

所有活着的东西都进行生存活动。Power Process 通过环境、权力要素、欲望、关系和价值的相互作用产生权力。在 Power Process 中，权力要素、关系、价值、欲望和环境被称为权力决定要素。

在 Power Process 中，权力要素是用来产生权力的基础资源。Power Process 需要价值和欲望在权力中受到影响的对象，从而产生积极的权力。

权力主体在其所拥有的资源中通过相互交换或相互依赖或共生来生存。也就是说，权力主体通过特定的关系生存。权力不是个人拥有的，而是存在于社会关系中（Clegg，1989）。谁拥有权力是没有意义的，对谁拥有权力才是有意义的（Scon，1981）。关系产生于社会成员无法满足自己达到目的或生存的资源（李庆焕，2007）。因此，如果没有关系，就不可能存在权力。

在 Power Process 中，环境提供了权力作用的情况或通道。例如，企业生产的产品通过市场扩散。市场提供了产品或服务扩散的通道，市场成为企业创新的产品环境。Power Process 通过权力 5 决定因素的相互作用或结合产生权力。

Power Process 以权力要素为中心，通过价值、欲望、环境和关系的互动产生权力。在 Power Process 中，权力要素提供了 Power Process 的方向和权力形成和消失的原因。环境提供了权力发挥作用的基础，关系涉及权力的作用和功能。欲望和价值关系到权力指向的意图或目的。因此，Power Process 将设定 Power 所处的环境和状况（需求、价值和关系），并创新相应的 Power。

人的需要不仅是多样的，而且随着价值、环境、关系、权力要素等因素的变化而不断变化，为了满足这种需要和欲望，需要持续不断地创新各种各样的权力。因此，权力主体将能够使用的特定资源作为权力要素，通过 Power Process 产生一系列的权力，从而达到欲望。以资本为权力要素而开发的技术及由此而生产的产品和服务，如果与环境、欲望、价值的关系性相适应，则作为一种积极的动力，为企业的收益做出贡献。

权力的创新虽然以一个权力要素为中心，但可以看出是由两个或更多的权力要素的动态作用而实现的。举例来说，资本和技术的结合创出更进步的新生产技术，宗教信仰和政治理念的结合创出了新的制度。企业以技术、资本和权力要素为中心，并通过 Power Process 创出它们。

在 Power Process 中，权力决定要素之间无法明确区分原因。每个权力决定要素都会影响其他因素，这些权力决定要素也会发生变化，并会改变其他决定要素。因此，权力决定要素的不断变化可以看作是一个动态过程。

13.4.2　Power Process 和客户价值

Power Process 不仅产生权力，而且成为接受权力的过程。当权力的 5 决定要素中的任何一个或多个不能得到满足时，人们就会去寻找其他权力。因此，为了让顾客满意，权力主体必须通过 Power Process 进行协调。

价值是判断的标准（Filler, 1981），价值是选择的标准，价值是被选择的目的（李庆焕, 2009），价值是创新行动（Rockeah, 1968），创新价值是价值的根源。选择是由产生权力的权力决定要素决定的，所以这是产生权力的根源。也就是说，权力意味着价值。Power Process 是创出价值的过程。

权力的 5 决定要素在 Power Process 中各自创出固有价值，并结合起来形成权力。因此，Power Process 产生的权力是权力决定要素创出的价值的结合体。权力的结合是在满足权力要求时发生的。因此，Power Process 的价值结合体能够满足权力 5 决定要素需求的积极价值。

人往往不是靠外在环境的真实性行动，而是靠自己认为或相信自己会那样做。例如，买方不购买技术人员所说的最好的部件，而是购买自己认为最好的部件。对于同一个人，有人说是好人，而另一个人说不是。人不是靠实体本身，而是靠认为实体或相信实体来行动。

知觉（Perception）是人们为了赋予环境以意义而组织和解释它们（感觉或想法）的过程（Robbins, 1996）。人们不仅对环境的特性有实体上的认识差异，而且它们之间的关联性也不高。因此，让人做出决策的不是实体，而是知觉（Doney, 1975）。组织创新的产品或服务的价值取决于它们遇到的环境或状况，而不是实际价值。也就是说，环境价值是环境引导。

环境引导是外部环境对知觉对象感知到友好或积极信息的过程，包括通过创出环境友好的态度或环境及状况来提高权力价值（例如产品或服务的价值）的活动（李庆焕，2009）。组织通过组织的愿景、声誉、产品和服务的价值或组织竞争文化等组织竞争力向社会扩散，创出良好的环境。

权力的扩散是通过权力耦合来实现的。因此，环境引导是通过组织的权力要素与环境的需求或价值相结合来实现的。Power Process 是权力要素需求、价值、关系和环境的结合过程。因此，Power Process 包括由环境引导的价值形成。

正如我所指出的，Power Process 是以权力对象为导向的，即以客户为导向的价值观，创出环境引导地位。这一 Power Process 不仅在社会、政治、文化或经济等多个领域产生积极的权力，而且还被用来创出环境引导，从而达到目的。例如，在企业中，以技术为权力要素，通过与客户的需求和价值、与客户的关系及与市场环境的互动，即通过 Power Process 产生新产品,这些产品就成为实现企业利润目的的动力,从而使企业能够满足客户的需求或价值。

13.4.3　Power Process与创新

人们在生活中经常会有以下想法:新的事物,如新的生活方式、新的想法、新的技术或新的学习方法,是由创新性的过程创造出来的。

从历史上看,人类不断创出新的制度、技术、知识和文化等新的价值和新的行为,不仅改变社会,而且改善自己的生活质量。人的创新性活动,只要人活着,就会持续进行。创新不仅使人的生活有了正体性,而且变得更加丰富,使人们看到新事物、创出新事物或思考新事物令社会或组织享有更丰富的生活。创出新的事物、独创的事物、新的想法都是创新的过程。计算机技术和机械技术的结合产生了机器人。东西方思想的结合产生新的文化。我们使用的许多化学制品,从物质的角度来讲都是创新性的过程。新的事物、独创的事物、新的想法都是由新的结合而产生的。

有的企业由于新产品的市场销售低迷,使企业面临倒闭的危险,拥有大量发明专利的企业也未必一定能够获得成功。我们把成功的创造叫作创新。创造新事物可以是一种发明创造,当这种创造给个人或企业带来繁荣和成长时,才能叫作创新。

从 Power Process 可以看出,权力决定要素是分散存在的。Power Process 是将这些分散的权力决定要素结合起来创出价值的过程,就可以看作是创新的过程。另外,正如前面所指出的,Power Process 是一个以客户为中心的价值创出过程,因此,Power Process 的价值创出是通向成功的过程。从 Power Process 的角度看,权力的 5 决定要素在价值创出中具有以下影响:

①权力要素。权力要素是无形的、有形的或经济性的资源。这些有特性的资源是产生新事物的基础。权力要素规定了创新的方向,提供了权力

兴起和消亡的原因。举例来说，个人所拥有的知识或能力使个人产生价值创出的方向和创新性的想法。

②欲望。欲望不仅与缺乏有关，还可以看作是为了新事物的形成和跳跃。欲望提供了 Power Process 的线索，没有欲望的创新是很难实现的。

③关系。关系是将分离的事物按照本质融为一体的过程（李庆焕，2007）。因此，从 Power Process 的角度来看，关系涉及权力要素之间的耦合模式，它们之间的耦合会产生这种联合。

④环境。环境是创新得以扩散的通道，提供权力要素的来源或基础。

⑤价值。价值是判断或选择的标准。因此，价值可以支配权力决定要素之间的互动模式，并提供决定它们作用角色的规则。

权力决定要素相互作用。这种互动意味着它们之间的竞争与合作。权力决定要素之间有时是竞争的关系，有时是合作的关系。

竞争是作为一种发现程序起作用的。无论权力决定要素中的哪一个发生变化，都会影响其余的其他要素，产生新的竞争和合作。例如，如果移动时钟指针的力从发条变为电池，也就是说，如果将权力要素从发条变为电池，这就意味着产生了新的时钟。新手表改变了用户对手表原来的价值判断。此外，改变手表的使用环境，也会产生创新。例如，如果将便携式手表改为可以在水中使用的话，就可以制作出潜水员可以使用的新手表。名牌手表镶嵌宝石就对手表赋予了宝石级的价值。也就是说，如果改变价值，就会诞生创新。

13.4.4　Power Process 和自生性行为

能力是通过权力的结合来达到目的的。权力的结合分为意识结合和自律结合。对权力的意识结合意味着各权力主体之间的能力或无意识的结合。权力的自律性结合会产生自律性行动。权力的有意识结合意味着权力之间的有意或自由意志的结合。权力的有意识的结合会产生合理计算的有意图的行动。自由的或自生的竞争比意图的竞争进步得快（李庆焕，2001）。自由或自生的竞争是由权力的自主结合引起的。权力结合的一致性条件如下：

·权力主体的目标相同

·如果权力目的不一致，权力主体的目标实现手段对其他权力的目标实现有贡献，那么它们就会实现自律性的结合

因此，权力主体为了更有效地达到目的，最好创新出符合权力结合自律条件的权力。

正如所指出的，Power Process 是为了达到权力主体的目标，创新出满足权力客体价值或欲望的权力，因此可以用于创新自发行为。自发行动的权力首先要满足权力的客体。因此，权力主体必须掌握权力的客体需求，创新出能够满足这一需求的权力，因为权力的结合源于欲望。

权力主体拥有各种各样的资源，他们在决定自己的可用资源中哪些是权力要素时，首先要考虑的是权力客体的欲望。但是，不能只满足权力的客体，还要为了达到目的而创新满足结合权力的自律条件的权力。人的行为产生于欲望，但行为本质上是价值指向的。人为了实现自己的愿望，要用自己最喜欢的方式去实现。因此，权力主体应该选择满足权力客体的欲望和价值的权力要素。

人的欲望和价值促使人们追求有目的的生活，成为人类生存的手段，但在这个过程中，它们的作用是不同的。相比之下，欲望与缺乏或为了新的形成而跳跃有关（李庆焕，2001）。因此，欲望为人类的生存提供了必要的满足或方向。

但是，如果个人的价值和欲望各自独立地创新出个人的行动，就会产生消极的结果。因为人类想要的行为并不总是积极的，有价值的行为对生存不是必需的。因此，为了积极的生活，价值和欲望有时结合，有时竞争才是最好的选择。价值与欲望的结合产生新的欲望或价值，引导人类走向新的有目的生活。价值和欲望的竞争增强了它们的正体性或形成了新的正

体性。这种价值和欲望对人类的生存起着新的作用。

Hitt 等人（2006）认为，人从积累的经验中创出价值，价值判断影响自己的价值特性。个人通过在制度和文化中与他人接触来实现价值（Hoyer, 2004）。

正如前面指出的，权力存在于社会关系中，而不是个人。实际上，即使权力的主体拥有权力要素，也不能直接利用它作为权力。只有当存在相关性时，才可以使用权力要素。举例说明，当别人对金钱赋予了价值，想用钱买东西的时候，也就是说，当你想拥有交易关系的时候，拥有金钱的人才对拥有产品的人拥有权力。因此，为了创出权力必须创出权力的交换关系，即权力对象和相互需要的联系。

如前所述，创出权力的接受者即客体的欲望或价值，不仅是积极的权力，也是满足权力结合的自律条件。因此，权力主体为了更有效地实现自己的目的，最好是依靠 Power Process 来创出权力。合理的行动意味着有目的的行动（Robbins, 1985）。因此，Power Process 产生的权力有助于产生与既定环境相对应的最合理的权力。

13.5 基于竞争优势的企业绩效测度

竞争地位的直接结果是超额利润率或大的市场份额。Tang&Liou（2010）认为企业竞争优势是外部环境中难以直接观测的，对于企业竞争优势，有必要以利润和市场这两个指标为基础，综合反映企业竞争优势的获得。Spanos&Lioukas（2001）认为在企业竞争优势的指标中应该包括市场性和收益性。在进行实证分析时，学者们针对不同的方向进行了关于企业竞争优势的描述。在研究创新对企业竞争优势影响的过程中，施力平等人（2014）使用企业的效率性、有效性、顾客价值和创新来塑造企业；王雪峰等人（2013）在研究创业环境对新企业竞争优势的影响时，参照波特

（1997）、Besanko（2009）、Schendel（1978）和 Hofer 的指标，以企业魅力度、竞争对手的魅力度为指标，以中国创业动态跟踪调查（Concordance ProcessED）的数据总结出来了创新对企业竞争优势的影响作用。江帝宁（2010）等（2012）主张，使用 Hendricks 等（2007）和 Gomes 等（2007）的方法，在市场份额等方向上调整平均值的收益，体现了企业的竞争行为。王金祥（2014）认为，企业的优势体现在定价优势、商品产出、市场相对占有率等方面，调整为平均值后的销售收入会产生企业竞争行为。

13.5.1　现有的成果测量方法和局限性

（1）用财务指标衡量绩效

Woo 和 Winllard（1983）根据销售收益率、投资收益率、市场占有率、竞争对手相对质量、现金流量增长率、竞争对手对比新产品活动、整合费用、流程研发、现金流量投资变化、产品开发等因素，对企业经营成果进行了测算。

他们不顾销售收入和投资收益的局限性，只指出了测量成果的重要性。他们的研究显示，相对市场位置因素、收益性因素、收益及现金流量变化、市场占有率因素、收益增加等因素的影响最大，收益及现金投资较高。因此，如果用其他指标来适当补充投资收益，对创新企业经营成果起着重要的作用。

Peters 和 Waterman（1982）以销售额、总资本和资本收益为焦点，分析了美国国内主要计算机公司的业绩。他们分析认为，这三个指标中没有一个能区分好公司和坏公司。对资本市场中股票价值和企业长期潜力的评估表明，这正被会计扭曲了。

Kay（1993）聚焦于规模变量、收益变量、增长或效率变量，分析了 6 家英国主要超级连锁店的财务成功案例。研究结果表明，企业总利润或资本价值与销售额有很大关系，但企业的成功与资本收益率、每股利润率、每股净利润、单位地区销售额、库存产品周转率等无关。

Argerti（1976）根据营运资本、盈余、利息及税前收益、总资产、账面金额、资本的市场价值、销售额等变量，经验性地提出了预测企业破产的模型。但是，要想避免企业倒闭，企业不仅要执着于短期的成果，还要关注长期的生存。

Wheelen 等（2008）表示，收益性是企业的主要目的，也可以在特定时期内统计投资收益，然后计算投资收益。投资收益率意味着企业的收益事实，不能告诉管理者会发生什么。

如前所述，作为会计数据的财务指标可以衡量先前决策的成果，但无法预测将来的企业成果是否如此。以收益性为中心的企业业绩衡量可以衡量短期业绩，但是用来预测长期财务业绩就存在局限性。

在市场上，企业的成功很大程度上依赖于产品和服务的竞争力。现有的会计数据，即投资收益率、销售额、净利润、绩效与预算成果、库存与库存价值、劳动和设备生产率，都反映了财务状况，但不包括关于市场成果改善的信息。

另外，以收益性为中心的财务成果体现了股东或企业的利益。提高企业价值或股东的价值，并不意味着总是能够提高员工或顾客的利益。收益好的企业可以通过员工满意和顾客满意来提高产品和服务的市场价值。但是，财务指标很难包含相关信息，财务的健全性不能保证企业的成功。因此，财务状况不能视为企业成功的充分必要条件。

（2）用成本会计计量企业成果

服务或产品的价格可以看作是决定企业竞争力的重要因素。企业把产品物料的生产成本视为经营成果测算的重要手段。将这些费用的会计与装配线的科学管理、生产方法相结合，这个方法在二战后的许多企业中得到广泛使用，以确保其竞争优势。

成本会计产生的成本由独立于随产出而变化的固定成本和变动成本构

成。在费用会计中，摊派是由总工时或直接人工费完成的。可以说，这些成本会计与预算、分期数据、标准成本及竞争对手的业绩相比，有助于评估生产活动中不同部件的有效性的发挥。例如，通过比较劳动生产率、材料或设备的利用率等来评价经营成果。

但是，成本会计并不能帮助衡量产品的价格、继续生产线或用其他产品代替产品，或者帮助确定哪些产品或部门或管理者对企业整体收益率的贡献。

Drucker（1900）提到了成本会计的局限性：在成本会计系统发展的20世纪20年代，直接劳动占制造成本的比例在80%以上。将剩余的20%直接分配给劳动劳务费，费用结构不会有太大的扭曲。但如今，由于生产技术的变化，直接劳动占总费用的比例不到25%。美国和日本汽车产业的直接人工费占总费用的8%~12%。结果，如果制造间接费用低于20%的直接人工费达到80%~90%，企业费用结构就会发生扭曲。

根据Howell等（1987）的研究，在标准成本会计系统中，直接人工成本占了很大一部分，制造的间接成本可以说是微乎其微。目前，直接人工成本在总成本中的比重很低，预计由于企业人工成本的减少，制造间接成本将会增加。

成本核算的过程或变更导致的企业收益直接取决于人工成本的节约。因此，根据工作方法或工艺的变更，人工成本的节约额可以由企业直接人工费用以外的费用进行任意分配。但是，工作和过程的变化会影响生产效率，例如灵活性、质量、服务、总生产时间等。斯金纳（1986年）表示，基于制造活动的竞争优势遵循40-40-20规定。也就是说，竞争优势的40%源于制造结构的变化，另外的40%源于过程技术或设备的变化，其余20%源于生产效率。因此，工作方法的变更或变更的影响很可能被视为直接降低了劳动力成本，从而降低了企业的竞争力。

如果企业在作业准备及设备变更中间接使用劳动力，并基于直接劳动时间分配间接人工费用，则小批量产品的费用可能被低估，大批量产品的费用也被高估，费用会被扭曲。

　　企业管理者的决策要依靠反映企业现实的信息。因此，以错误信息为中心的决策可能会导致企业的失败。在收费系统中，金融指标的广泛使用在于控制各部门的成果。由于提供金融指标基础的费用体系的局限性，导致金融指标的效率低下。

　　成本测量的焦点是从生产率或成本的角度来识别企业的制造成果。生产率或效率是衡量生产率和效率的诸多指标之一，它们可能会导致企业的失败。生产率只是效率的指标，而不是衡量企业成功程度的指标（Peter R.Richardson，1980）。

　　在没有消费者需求变化，经营环境稳定的经营环境中，直接人工成本占总成本的高比例，制造间接成本占总成本的低比例。在竞争市场中，竞争优势主要源于市场环境稳定、消费者需求变化不大时的价格因素。

　　但我们今天面临的市场环境与过去的市场环境不同。在开放式市场中，竞争日趋激烈，消费者的需求多种多样，相应地，竞争类型也要从过去的以价格为中心转向创新、服务、质量、形象、时间和灵活性等多个层面。企业要想获得长期的生存和成长及更好的竞争优势，就必须满足消费者不断变化的需求。制造能力是支持不断变化的客户需求的必要条件，因此需要相应的能力测量系统。

　　企业为了长期生存和成长，必须以更高的水平继续满足消费者的要求。这种测量系统是适应顾客需求的，面向未来的系统。在市场上，如果客户的需求从以价格为中心转变为非价格的观点，那么这些测量系统也应该从以成本为中心转变为以非价格为中心。测量系统的改变将改变企业成员的行为模式，使他们能够转向应对环境变化。这些企业能够满足高水平的客户需求，从而确保企业的竞争优势。

　　(3) 使用平衡记分卡进行绩效评估

　　Kaplan 等（2001）表示，平衡记分卡与从财务和战略角度控制企业成果有关。在业务级别战略中，使用平衡计分卡测量的性能是最为有用的。

Becker 等人（2001）认为，使用平衡计分卡的做法，如果企业牺牲战略控制，强调财务控制，将危及企业未来的成果。这是因为财务控制提供了对过去措施中测量结果的反馈，而不能提供影响未来成果的信息。因此，管理者过分强调财务成果，有可能会牺牲长期潜力，引发管理层的不良措施。财务控制与战略控制之间的适当平衡，使企业能够有效地管理企业绩效。

Kaplan 等（1992）认为，平衡记分卡包括四种观点：客户、财务、内部业务流程、成长和学习。

平衡记分卡为企业在实际战略计划和财务观点的控制之间保持平衡提供了明确的衡量标准。平衡记分卡是企业明确指出竞争战略，将其转化为行动并提供有意义反馈的管理过程。Stevers 等（2000）表示，在《财富》杂志评选的1000家企业中，有50%的企业使用平衡记分卡，在他们偏好的非财务指标中，可以确定的指标有客户服务、客户满意度、市场占有率、生产效率、核心功能、产品和服务质量。

Braam 等（2004）表示，为了使用平衡记分卡，企业需要创出适合企业情况的过程，单纯采用平衡记分卡法是不合适的。平衡记分卡在满足企业战略时，可以改善企业绩效。但是，无论战略如何，机械地使用平衡计分卡时，都会减少或妨碍企业的成绩。

企业战略应该能够满足企业中涉及的员工、股东、客户和经营者等各种利益相关者的需求。正如所讨论的，战略由战略目标和实现目标的战略手段组成。战略手段是实现目的的过程，实现的目标是实现新目标的手段。因此，为了满足所有企业利益相关者的要求，战略评估手段应该包括能够测量手段和战略目的的纯功能相关性的方法。平衡记分卡将重点放在战略控制和财务控制的平衡维持上，但是对于战略循环和目标的功能关联性的测量并不完善。

13.5.2 基于Power Process的绩效测度

(1) 3P 成果测量

组织的能力不是无形资产或有形资产等投入的资源，而是将资产、人力和流程结合起来，为将投入物转化为产出物创出价值的手段或方法。正如所讨论的，竞争力是在既定的情况下创新竞争优势的手段或能力。这种手段或能力在组织手段或能力创出的价值占据竞争优势时具有竞争力。

组织创新的价值往往基于制造或服务的成果、市场成果和管理成果，我们统称为3P。这三个成果是企业成功的因素。企业的竞争优势分为与产品或服务相关的被动竞争优势和主导环境的主动竞争优势。在制造或服务成果、市场成果或管理成果方面优于竞争对手的企业可以获得被动或主动的竞争优势。因此，企业的竞争力可以用制造或服务成果、市场成果或经营成果来衡量。

企业可以拥有各种各样的创新价值的手段或技能。Power Process 可以创出满足权力对象需求的无形、有形或经济性价值，以实现权力主体的目标。因此，如果企业从运营活动到战略经营，所有活动都依赖 Power Process 的话，这将是建立积极经营体系的依据。因此，Power Process 的适用性是竞争力的基础。

(2) 3M 绩效测评模型

如今，财务指标或成本会计的成果计量方法在企业中被广泛应用，它们有很大的局限性（耿禧则，2009）。本书引入了 3M 绩效测评模型，以克服现有企业经营绩效测评的局限性，并对与企业竞争优势相关的企业绩效进行测评。3M 绩效测评模型由制造成果、市场成果和经营者成果三个方面组成。

①制造成果与竞争优势

买方对产品或服务的需求反映在质量、价格、交货期、新产品、设计、服务、灵活性等竞争因素上,这些竞争因素所产生的竞争优势决定了其在产业中的竞争力。因此,制造成果意味着生产效率、质量、时间(作业准备时间、总生产时间等)、灵活性(产品组合、数量变更等)、新产品引进、服务等,这些制造成果直接影响着企业的竞争因素(李庆焕,2001)。

最理想的竞争方法是在所有因素上都领先。但从现实来看,这样的竞争是不可能的。因为所有这些竞争因素之间都存在流程冲突。实证分析显示,对于电子产业来说,如果选择成本优势或差异化战略中的任何一种,而不是在所有竞争要素中占据支配优势,那么企业将会获得较高的利润(郭秀一、李庆焕,1990)。因此,要想在市场上拥有竞争优势,应该在制造成果方面具有优势。

②竞争优势与市场成果

竞争优势是指产业内的企业在市场占有率、收益率、投资收益率、成长性等方面长期超过其他企业,企业的市场成果往往与企业的市场占有率有关。市场占有率反映了在市场上达到的竞争地位。Buzzell等(1987)认为,在增加收益性的方案中,首先增加市场增长率是优先课题之一。但波特(1980)指出,基于成本优势、差异化和重点化竞争战略,市场份额和收益之间并不是只有一种关系。

因此,根据产业的类型和特性,市场份额和收益并没有呈现出相同的模式。可以根据不同产业推测出更高收益的市场规模,市场成果是收益性的预测尺度。

③经营者成果与竞争优势

经营者的业绩与组织文化、组织氛围或战略竞争等有关。新战略要求新的组织文化或组织氛围,组织文化或组织氛围可能会制约战略的实施。组织文化和组织氛围会影响组织成员的行为,从而影响经营成果。Saffold(1988)认为战略是组织文化的产物。因此,组织或企业文化类型对企业的收益或竞争力有很大的影响,经营者的战略作用或经营者成果需要被衡量,这是预测企业收益性和成长性的尺度。

正如我们所讨论的，企业经营成果在很大程度上依赖于制造成果、市场成果和经营者成果。因此，可以认为，以 3M 为中心来衡量企业的经济效益是可取的。

13.6 研究设计

13.6.1 变量的可操作定义

可操作定义是指为了测量抽象的定义，以更具体的形式将其进行表现的定义。本书为编制调查问卷，对以下各概念进行了可操作定义的整理。

(1) 对根源性 5 价值化役量的可操作定义

①自我组织化役量的可操作定义

自我组织化役量是将技术、知识、经验、财富等无形资源结合起来，创出基于价值化的要素的过程。价值化要素确定了价值化的方向，提供了权力消亡的原因和价值创出的原因。

②动机赋予役量的可操作定义

动机赋予役量是在他人的内心中创新出诱发自己意图行动的动机的能力。欲望与缺乏有关，作为新事物形成的跳跃，提供了行动的线索。因此，动机赋予役量包括了满足个人需求的能力。

③价值创出役量的可操作定义

价值创出役量是为了适应潜在客户的选择标准，创出更合适的价值或竞争要素的能力。每个人都有自己的价值体系，并选择相应的行动。创新价值的能力包括掌握人类价值体系的能力。欲望是购买产品的线索，但购买什么样的产品取决于价值。

④环境引导役量的可操作定义

环境引导役量是使环境对知觉对象产生友好或正面信息的过程。环境引导包括通过创新情况或友好态度来提高价值的行动。以价值化为基础的环境引导者会有效地让别人意识到自己创出的价值的积极信息。

⑤关系管理役量的可操作定义

关系管理役量是与其他个人形成关系，并由此引出行动的能力。因为关系创出了引导行动的过程。人的行为因关系而异，关系本质上是一个融为一体的过程。因此，关系管理最终将成为集成的过程。

(2) 价值化个人役量的可操作定义

作为人性 5 役量之一的价值化权力在个人役量形成过程中起支配作用，价值化个人役量就会产生。

(3) 对经营环境的可操作定义

从价值化的角度看，企业为了获得人类生存所需的资源，必须将自身所处的环境与交换交易等权力结合起来。因此，企业要成为彼此的环境，为了生存，就要从其他企业获得资源来交换自己的产品，其交换需要形成社会主体生存共同体。

环境和企业的共同体秩序依赖于它们之间为了合作和共存的同步或有意识的过程。这些有意识的过程形成了能够满足它们之间价值或欲望的纯功能的交换或权力的结合的秩序。价值化过程产生环境选择标准价值，并将其应用于环境。因此，价值化过程在企业和环境之间产生了纯功能性的缺陷或交换秩序，从而提供了环境经营的重要手段。企业内部价值化役量的开发程度越高，企业就越能克服经营环境的不确定性。

(4) 经营成果的可操作定义

客户对产品或服务的需求反映在交货期、价格、质量、灵活性、新产品、服务、设计等竞争因素上，这些竞争因素优势决定了其在产业中的竞争力。因此，制造成果意味着生产效率、质量、时间（工作准备时间、总生产时间等）、灵活性（产品组合、数量变更等）、新产品引进、服务等，这些制造成果直接影响着企业的竞争因素。

竞争优势指产业内的企业在市场占有率、收益率、投资收益率、成长性等方面长期超过竞争企业，企业的市场成果往往与市场占有率有关。市场占有率反映了在市场上达到的竞争地位。

经营者成果与组织文化、组织氛围或战略竞争等有关。新战略要求新的组织文化或组织氛围，组织文化或组织氛围可能会制约战略的实施。组织氛围或组织文化会影响组织成员的行为，这会影响经营成果。Saffold（1988）认为竞争战略是组织文化的产物。

因此，企业文化类型对企业的收益或竞争力有很大的影响，经营者的战略作用和经营者成果需要被衡量，这可以看作是衡量企业收益性和成长性的尺度。

企业的经济成果在很大程度上依赖于制造成果、市场成果及经营者成果。

13.6.2　建立研究模型和假设

为了实证分析前面理论上讨论的内容，本书将研究模型和假设设置为：

（1）研究模型

组织成员的根源性 5 价值化役量由自我组织化、动机赋予、价值创出、关系管理和环境引导五种构成。根据组织成员的根源性 5 价值化役量的活跃程度，价值化个人役量的水平也有所不同。价值化个人役量的组织价值化役量越活跃，就越能获得竞争优势，组织的经营成果也就越高。在组织价值化役量影响企业绩效的过程中，经营环境起着媒介效应。

（2）假设设置

根据前面的理论考察，组织成员的根源性 5 价值化役量越活跃，组织成员就越能进入价值化个人役量开发 5 阶段（潜在能力阶段、自我主导能力阶段、完全机能能力阶段、问题解决能力阶段和企业家能力阶段），价值化个人役量就越得到开发。在价值化个人役量开发 5 阶段中，根据组织成员的人力分布，组织将进入组织价值化役量开发 4 阶段，即潜在能力阶段、自我主导能力阶段、完全机能能力阶段和企业家能力阶段，组织绩效提高。

从这个角度来看，本研究根据研究模型设定如下研究假设：

假设 1（H1）：随着个人的根源性 5 价值化役量活性化水平不断提高，个人会迈向价值化个人役量开发 5 阶段，个人价值化役量逐步提高。

H1-1: 自我组织化役量对价值化个人役量正（+）的影响是显著的。

H1-2: 动机赋予役量对价值化个人役量正（+）的影响是显著的。

H1-3: 价值创出役量对价值化个人役量正（+）的影响是显著的。

H1-4: 关系管理役量对价值化个人役量正（+）的影响是显著的。

H1-5: 环境引导役量对价值化个人役量正（+）的影响是显著的。

假设 2（H2）：企业的经营成果依赖于企业成员在价值化个人役量开发 5 阶段中的分布。

假设 3（H3）：企业的价值化役量越活跃，组织就越能克服经营环境的不确定性，从而提高企业的经营绩效。

H3-1: 企业的价值化役量越活跃，组织就越能克服经营环境的不确定性，从而提高企业的经营者成果。

H3-2: 企业的价值化役量越活跃，组织就越能克服经营环境的不确定性，从而提高企业的制造成果。

H3-3: 企业的价值化役量越强，组织就越能克服经营环境的不确定性，从而提高企业的市场成果。

13.6.3 统计方法

本书针对为实证检验研究假设而选取的样本，运用多种统计方法进行了实证分析。

特别对本研究中有关各分析方法的使用的几点注意事项进行了如下概括。

第一，因素分析是为了确定与正确测量概念的方法相同的测量概念的变量是否归为相同的参数。另外，这也是为了确认测量工具有效性的可行性测试。在因素分析中，因素值表示变量的重要性。也就是说，数值越低，重要性越低。如果参数是负载小于0.4，则最好删除该变量（宋智俊，2012）。

第二，聚类分析是在没有明确的分类标准的情况下，将具有多种特性的资料进行同质性聚类的一种方法。根据金美货（2012）的研究，群集分析是根据相似或距离对观测对象进行分组的方法。群聚分析方法有层次性和非层次性等分类。本研究采用K-Average方法作为聚类分析的分类方法。K-Average方法由单一结合法开始群集，但以一个群集中的应答者与另一个群集中的应答者之间的平均距离为标准（Joseph，1987）。

第三，通过Two-way ANOVA，可以测量根源性5价值化役量群和经营环境群交叉产生的群别成果，为了研究群别差异，利用CASE功能进行群别分类。利用CASE法所划分的变量，再次执行One-way ANOVA，得到检查各个群的有用性的F值和有用概率。

本书通过问卷调查收集的资料使用了统计处理工具SPSS 26.0执行各个操作。

13.6.4 问卷的构成

在研究调查中，问卷是为了调查目的而收集必要的、固有资料的手段，是分析所得资料并得出调查结论必不可少的重要环节。在社会科学领域，通常涉及的研究变量有很多抽象概念。因此，要确定要测量的属性的明确的概念定义，以及将其转换为可测量形式的可操作定义，并考虑根据假设进行验证所需的分析方法和适当的形态尺度（蔡书一，2004）。

本书的问卷在被翻译成中文的过程中，非常慎重地考虑了语言的文化差异因素。作者在开发调查问卷时提出了"关于竞争优势的生产战略的研究"（李庆焕，1990），关于"面向竞争优势的制造企业生产战略的研究"（蔡炳灿，2008），借鉴企业家领导力和可持续竞争优势研究（李胜泰，2020）等先行研究中使用的题目，针对中国文化和中国大数据产业的特点，开发和完善了问卷。

问卷调查的基本情况如表13-1所示：

表13-1 问卷调查设计

区分	分析内容
调查期间	2020.11.12—2021.03.20
调查对象	中国山东省大数据企业
调查方式	访问，邮件，传真，书面答复
标本	有效标本数449/标本数472

本研究问卷中使用的各变量如下所示：

（1）关于根源性5价值化役量的问项

在本研究中，借鉴韩语专著《人性役量与企业家能力开发》（李庆焕，2017）提出的理论观点和论文《企业家领导力与可持续竞争优势研究》（李胜泰，2020）中的作用，设定了关于根源性5价值化役量的问项。

（2）关于价值化个人役量的问项

在本研究中，借鉴韩语专著《人性役量与企业家能力开发》（李庆焕，2017）提出的理论观点，设置了关于价值化个人役量的问项。

(3) 经营环境问项

在本研究中,根据经营环境的理论和权九赫等(2003)关于经营环境的问项,设置了关于经营环境的问项。

(4) 关于经营成果的问项

本书运用 3M 企业绩效测评模型,从竞争优势的角度出发,对企业经营绩效的相关问项进行了整理。

13.6.5 被调查企业的特点

(1) 中国及山东省大数据产业的现状

随着互联网技术的快速发展,中国的大数据产业也在快速成长。在 2016 年第十三个五年规划中实施大数据战略,以大数据为基本战略资源,全面推进大数据发展,加快数据资源共享开放和开发应用,促进产业结构转型和社会管理创新。各部委接着出台相关政策,推动大数据产业的发展。随着国家政策的不断推进,中国信息通信研究院结合大数据相关企业调查,中国大数据产业规模持续增长,2016—2019 年四年来,中国大数据产业市场规模从 2840.8 亿元人民币增长到 5386.2 亿元人民币,增速连续 4 年保持在 20% 以上。

中国大数据服务企业的快速成长阶段出现在 2013—2015 年,增长速度在 2015 年达到顶峰。2015 年以后,大数据企业增长放缓,大数据产业正在走向成熟。因此,近年来针对大数据企业的相关研究成为热点,具有相当的实践价值和社会意义。2021 年 3 月公布的第十四个五年规划显示,大数据产业的发展在产业基础、产业链、产业生态等方面成为现代信息技术服务业的重要组成部分。

第十四个五年计划期间,数字山东建设事业将围绕数字强省建设这一总体目标,在加强数字基础设施建设、数字政府建设、数字社会建设、数字经济发展、数字生态培育、大数据企业培育等方面继续加大力度。2018年10月，山东省人民政府成立省政府直属机构山东省大数据局，制定和实施全省大数据发展应用规划和政策措施，指导大数据产业的发展。近年来，山东省发布了《数字山东发展规划（2018—2022年）》和《山东省支持数字经济发展的意见》等文件，到2022年，数字经济占GDP的比重从35%提高到45%以上，明确了每年2个百分点以上的战略目标。2020年，山东省政府工作报告提出支持建设50个省级数字经济园区的计划。

（2）企业特性

本研究基于与中国山东省大数据服务企业的信息咨询合作，将山东省重点培育的大数据产业区：济南市高新区、青岛西海岸新区、临沂市大数据产业集聚区、淄博市张店区、枣庄市高新区及境内约500家大数据企业为研究对象，进行企业价值化役量与竞争优势关系的调查研究。

从学术上看，迄今为止，研究者们忽视了价值化与竞争战略的关系，通过本研究，有可能出现价值化对竞争战略贡献的新的学术研究。

从研究对象来看，关于竞争战略的实证研究主要针对制造企业，本研究将针对最近的研究热点大数据服务企业。这样的做法开拓了竞争战略研究的新领域，具有相当的社会意义和创新价值。

问卷调查在2020年11月12日到2021年3月20日的时间区间内进行。研究共发放问卷500份，最终回收472份问卷，回收率为94.40%。其中有效问卷为449份。调查企业的基本特征如表13-2所示：

表 13-2 标本的特征

		数量	比率（%）
存在年数	3 年以下	39	26.17%
	3~5 年	30	20.13%
	5~8 年	39	26.17%
	8~10 年	21	14.10%
	10 年以上	20	13.43%
年销售额	500 万以下	40	26.85%
	500 万~1000 万	39	26.17%
	1000 万~5000 万	33	22.15%
	5000 万~1 亿	31	20.80%
	1 亿以上	6	4.03%
总员工数	10 人以下	4	2.68%
	10~100 人	82	55.03%
	100~300 人	42	28.19%
	300 人以上	21	14.10%
性别	男	378	84.19%
	女	71	15.81%
职位	一般员工	62	13.81%
	主任－科长	77	17.15%
	代理－科长	112	24.94%
	部长	131	29.18%
	高层	67	14.92%
学历	高中以下	22	4.90%
	大学	278	61.92%
	研究生	149	33.18%
年龄	25 岁以下	78	17.37%
	25~35 岁	157	34.97%
	35~45 岁	132	29.40%
	50 岁以上	82	18.26%

在调查对象企业中，未满 3 年的企业占 26.17%（39 家），3~5 年的企

业占 20.13%（30 家），5~8 年的企业占 26.17%（39 家），8~10 年的企业占 14.09%（21 家），10 年以上的企业占 13.42%（20 家），其中，5~8 年的大数据企业所占比例最高。

年销售额规模在 5000 万 ~1 亿以下的企业占 20.8%（68 家），比重最大，500 万 ~1000 万的企业占 26.17%（39 家），1000 万 ~5000 万的企业占 22.15%（33 家），500 万以下的占 26.85%（40 家），1 亿以上的企业占 4.03%（6 家）。

从企业的员工数量来看，拥有 10~100 名以上员工的企业占企业总数的 55.03%（82 个），在所有企业中比重最大，100~300 人的企业占 28.19%（42 个），300 人以上的企业占 14.10%（21 个），10 人以下的企业占 2.68%（4 个）。

企业职员的性别分别为男 378 名（84.19%），女 71 名（15.81%），一般职员 62 名（13.81%），主任－科长 77 名（17.15%），代理－科长 112 名（24.94%），部长 131 名（29.18%），高层 67 名（14.92%）。最终学历高中毕业以下 22 名（4.90%），大学毕业 278 名（61.92%），研究生毕业 149 名（33.18%），年龄不足 25 岁的 78 名（17.37%），25 岁 ~35 岁的 157 名（34.97%），35 岁 ~45 岁的 132 名（29.40%），50 岁以上的 82 名（18.26%）。

13.7 实证分析

因为从少量样本中获得的相关性并不可靠，所以在 50 个以下的样本中不使用因素分析，而是在 100 个以上的样本中使用（崔泰成、金成浩，2004）。

Lawley 和 Maxwell（1971）主张，要进行适当的因素分析，标本数量至少要达到 51 个以上。Hair（1979）等在因素分析时，为了减少因素载值的不稳定性，标本的数量必须增加到变量数的 4~5 倍。

就本研究中，问项数为 51 个，标本数为 449 个，超过了以上指出的标准值。

Hair 等（1987）认为一般在因素分析中，载荷值为 ±0.30 时可以认为具有显著性，±0.50 时具有较强的显著性。

因素的固有值是变量的分散性对因素的描述量，因此整体变量对分散性的描述是各因素贡献度的指标。

崔泰成、金成浩（2004）认为，如果固有值低于 1，说明变量分散的因素贡献度不如一个变量，建议只选择固有值大于 1 的因素。

一般认为，解释 Cronbach's 值的标准是社会科学领域的 0.6 以上就有信任度。信任度值在 0.5~0.6 可以认为具有相关关系，0.7~0.8 为一般的相关关系，0.9 以上为较高的相关关系，1 为完全的相关关系。

(1) 根源性 5 价值化役量的因素分析

①关于自我组织化役量的因素分析

为了减少自我组织化役量的变量数量，进行了因素分析，得出了变量的因素固有值、承载值、累积值、可靠性系数等因素分析的结果。

关于自我组织化役量的变量有 5 个，分析为一个层面的因素。因素承载值在 0.59~0.87，表现出很高的显著性，各项有很大的针对性，固有值为 3.03，累计率为 60.52%，同时，可信度系数为 0.83，也非常高。因此，可以说该因素可以代表关于自我组织化役量的所有 5 个变量。

②关于动机赋予役量的因素分析

为了将关于动机赋予役量的变量减少到几个有意义的层次，本研究进行了因素分析，得出了因素固有值、承载值、累积值、可靠性系数等因素分析的结果。

关于动机赋予役量的变量有 5 个，最终通过因素分析整合为一个层面的因素。因素载量值为 0.80~0.89，表现出很高的显著性，各项有很大的相似性。可以说，固有值为 3.77，累积率为 75.40%，同时，可信度系数较高为 0.92。因此，这一因素可以代表总共关于动机赋予役量的变量。

③关于价值创出役量的因素分析

为了将价值创出役量的条件变量减少到几个层次，本书进行了因素分析，得出了因素固有值、承载值、累积值、可靠性系数的因素分析结果。

关于价值创出役量的变量有 5 个，表现为一个层面的因素。因素承载值在 0.73~0.81，表现出很高的值，各项有很大的针对性。固有值为 2.87，累计率为 57.38%，同时，可信度系数为 0.81。因此，这一因素可以代表上述 5 个变量。

④关于环境引导役量的因素分析

为了将环境引导役量的变量减少到几个有意义的层次，本研究进行了因素分析，得出了对变量的因素累积值、承载值、固有值、可靠性系数的因素分析结果。

关于环境引导役量的变量有 5 个，表现为一个层面的因素。因素承载值在 0.77~0.92，表现出很高的值，说明各项有很大的针对性。由于固有值为 3.79，累积率为 75.80%，同时，可信度系数为 0.92。因此，可以认为这一因素可以代表总共 5 个环境引导役量变数。

⑤关于关系管理役量的因素分析

为了将关系管理役量的变量减少到几个层次，本研究进行了因素分析，得出了关于变量固有值、因素承载值、累积值、可靠性系数的因素分析结果。

有关关系管理役量的变量有 5 个，最终获得了一个层面的因素。因素承载值为 0.72~0.91，非常高，说明各项目的有意识性非常强。固有值为 3.41，累计率为 68.23%，同时，可信度系数为 0.88，因此，可以认为这一因素能够代表总共 5 个关于关系管理役量的变量。

(2) 关于价值化个人役量的因素分析

为了将价值化期半个人役量的变量减少为几个有意义的因素，进行了因素分析。

价值化期半个人役量变量相关的变量有 10 个，是一个层面的因素。因素承载值为 0.74~0.93，非常高，各项目的有意识性非常强。固有值为 7.60，累计率为 76.03%，可以说这一因素可以代表 5 个变量。同时，据分析，可信度系数为 0.96，非常高。

(3) 关于经营环境的因素分析

在本研究中，用于关于经营环境因素的变量有六个，经过因素分析，得出了变量的累积值、因素承载值、固有值、可靠性系数等因素分析的结果。

有关经营环境役量的变量表现为一个层次的因素。因素承载值为 0.60~0.75，非常高，各项目的有意识性很强。固有值为 2.82，累计率为 47.06%，可信度系数为 0.77。因此，可以认为这一因素能够代表总共 6 个关于经营环境的变量。

(4) 关于企业成果的因素分析

①关于经营者成果的因素分析

在本研究中，关于经营者成果的变量有 5 个，经过因素分析，得出了变量的固有值、因素承载值、累积值、可靠性系数等因素分析的结果。

有关经营者成果的变量最终整合为一个层面的因素。因素承载值为 0.84~0.91，非常高，各项目的显著性占主导地位。由于固有值为 3.97，累计率为 79.41%，可信度系数为 0.93。因此，可以认为这一因素能够代表总共关于经营者成果的 5 个变量。

②关于制造成果的因素分析

在本研究中，用于制造成果分析的变量有 4 个，经过因素分析，得出了因素变量的固有值、承载值、累积值、可靠性系数等因素分析的结果。

关于制造成果的变量最终被整合为一个层面的因素。因素承载值为 0.83~0.92，固有值为 3.21，累计率为 80.21%，可信度系数为 0.91。可以认为这一因素能够代表上述 4 个关于制造成果的变量。

③关于市场成果的因素分析

在本研究中,关于市场成果的变量有4个,经过因素分析,得出了因素变量的累积值、承载值、固有值、可靠性系数等因素分析结果。

关于市场成果的四个变量最终被整合为一个层面的因素。因素承载值为0.82~0.93,固有值为3.15,累计率为78.65%,可信度系数为0.91。因此,可以认为这一因素能够代表总共关于市场成果的4个变量。

13.8 结论与启示

本研究的实证结果如下表13-3到表13-8所示:

表13-3 根源性5价值化役量的群集特征

根源性5价值化役量 \ 价值化群集	1群 N=58 1阶段	3群 N=40 2阶段	2群 N=156 3阶段	4群 N=8 1阶段	5群 N=187 5阶段	F值	显著性
S 自我组织化役量	−0.92 (0.80)	−0.72 (0.77)	−0.25 (0.71)	−3.17 (0.11)	0.78 (0.44)	176.06	0.000
M 动机赋予役量	−1.63 (0.57)	0.19 (0.51)	0.14 (0.44)	−4.36 (0.53)	0.61 (0.24)	597.91	0.000
V 价值创出役量	−1.27 (0.70)	0.10 (0.41)	−0.25 (0.51)	−4.14 (0.18)	0.76 (0.34)	401.58	0.000
E 环境引导役量	−0.75 (0.53)	−1.64 (0.35)	−0.02 (0.51)	−3.77 (0.85)	0.76 (0.38)	457.22	0.000
R 关系管理役量	−1.11 (0.72)	−1.03 (0.73)	0.26 (0.49)	−4.08 (0.08)	0.69 (0.37)	329.99	0.000

表 13-4　根源性 5 价值化役量群与价值化个人役量的关系

价值化个人役量 \ 根源性 5 价值化役量群	1 群 n=58 1 阶段	3 群 n=40 2 阶段	2 群 n=156 3 阶段	5 群 n=187 5 阶段	F 值	显著性（P<0.01）
价值化个人役量要因	−0.94（0.64）	−0.15（0.69）	−0.00（0.47）	0.71（0.38）	367.71	0.000
O1 竞争要因的影响	−0.90（0.70）	−0.92（0.97）	0.17（0.61）	0.52（0.48）	188.62	0.000
O2 竞争要因认识	−0.92（0.77）	−0.92（0.75）	0.12（0.71）	0.56（0.42）	186.41	0.000
O3 管理者的态度	−0.63（0.70）	−0.07（1.12）	0.20（0.80）	0.56（0.45）	120.41	0.000
O4 竞争战略的认识	−0.90（0.58）	−0.22（0.65）	−0.21（0.69）	0.83（0.45）	226.30	0.000
O5 经营方针	−0.99（0.80）	−0.83（0.77）	0.04（0.70）	0.62（0.43）	185.22	0.000
O6 经营政策	−0.77（0.86）	−0.85（0.70）	−0.01（0.70）	0.61（0.42）	183.84	0.000
O7 管理层的关心	−0.65（0.90）	−0.34（0.75）	0.06（0.65）	0.56（0.50）	163.30	0.000
O8 与关联单位的合作	−0.79（0.71）	−0.23（0.67）	−0.04（0.68）	0.67（0.43）	214.18	0.000
O9 组织成员意见的反馈	−0.95（0.88）	−0.84（0.93）	−0.03（0.62）	0.66（0.48）	164.20	0.000
O10 对目标达成的关心	−0.68（0.74）	−0.41（0.68）	−0.16（0.78）	0.58（0.75）	89.58	0.000

表 13-5　关于价值化个人役量与根源性 5 价值化役量的回归分析结果

根源性 5 价值化役量变数	Beta	t	Sig.
S 自我组织化	0.26	1.85	0.039
M 动机赋予	0.16	3.97	0.000

续表

根源性5价值化役量变数	Beta	t	Sig.
V 价值创出	0.10	2.39	0.017-
E 环境引导	0.40	9.39	0.000
R 关系管理	0.30	6.24	0.000

因变量：价值化个人役量

表13-6 根源性5价值化役量群集的企业别人力分布

企业别＼价值化群	1群 1阶段	3群 2阶段	2群 3阶段	5群 5阶段
NO.7	3 （6.7%）	6 （13.3%）	8 （17.8%）	27 （60%）
NO.4	8 （14.8%）	8 （14.8%）	6 （11.1%）	31 （57.4%）
NO.6	6 （20%）	0 （0%）	6 （20%）	18 （60%）
NO.3	3 （5.2%）	1 （1.7%）	25 （43.1）	26 （44.8%）
NO.1	5 （13.5%）	2 （5.4%）	18 （48.6%）	11 （29.7）
NO.2	8 （20%）	1 （2.5%）	18 （45.0%）	13 （32.5%）
NO.5	2 （5.6%）	6 （16.7%）	18 （50%）	10 （27.8%）
平均分布	11.7%	8%	33%	45.3%

表13-7 根源性5价值化役量群与企业别经营成果

企业别＼企业成果	经营者成果	制造成果	市场成果
NO.7	0.20 （1.10）	0.29 （0.97）	0.33 （0.93）

续表

企业成果\企业别	经营者成果	制造成果	市场成果
NO.4	0.19 (0.88)	0.30 (0.92)	0.26 (0.88)
NO.6	0.10 (0.98)	0.05 (1.03)	0.10 (0.97)
NO.3	0.00 (1.18)	0.03 (1.23)	0.03 (1.23)
NO.1	−0.09 (1.19)	−0.00 (1.07)	−0.03 (1.08)
NO.2	−0.05 (0.70)	−0.09 (0.77)	−0.10 (0.82)
NO.5	−0.05 (0.89)	−0.04 (0.87)	−0.17 (0.94)

表13-8　企业别经营成果与经营环境

企业成果与经营环境\企业	经营者成果	制造成果	市场成果	经营环境
NO.7	0.20 (1.10)	0.29 (0.97)	0.33 (0.93)	0.41 (0.96)
NO.4	0.19 (0.88)	0.30 (0.92)	0.26 (0.88)	−0.22 (1.15)
NO.6	0.10 (0.98)	0.05 (1.03)	0.10 (0.97)	−0.21 (1.13)
NO.3	0.00 (1.18)	0.03 (1.23)	0.03 (1.23)	0.43 (0.83)
NO.1	−0.09 (1.19)	−0.00 (1.07)	−0.03 (1.08)	−0.29 (0.77)
NO.2	−0.05 (0.70)	−0.09 (0.77)	−0.10 (0.82)	0.14 (0.95)

续表

| NO.5 | −0.05
（0.89） | −0.04
（0.87） | −0.17
（0.94） | −0.20
（0.84） |

13.8.1 结论

（1）根源性 5 价值化役量的五个维度中的每一个对个人价值化和个人役量都有正向影响，而根源性 5 价值化役量可视为价值化的源泉。

对根源性 5 价值化役量的回归分析结果表明，根源性 5 价值化役量与价值化个人役量具有明显的正相关性。这意味着个人的根源性价值化役量在五个维度上对基于个人价值的个人役量的发展具有显著的积极影响。

（2）激活根源性 5 价值化役量可以提高价值化个人役量。根据基于根源性 5 价值化役量的聚类分析结果，个人的根源性 5 价值化役量有四个激活水平。其中，发现根源性 5 价值化役量激活程度最高的群体，其价值化个人役量最高，而根源性 5 价值化役量激活程度相对较低的群体其个人役量则较低。这意味着根源性 5 价值化役量的激活程度越高，个人价值化役量的增加就越多。

（3）组织的价值化役量与组织内基于价值化组织的个人役量发展水平的人员分布有关。根据价值化个人役量的聚类分析、方差分析和交叉分析结果，组织内价值化个人役量发展水平高的个体比例越高，组织的价值化役量就越大，从而带来更高的业务绩效。另一方面，价值化个人役量发展水平较低的个体，其在组织中的比例越高，该组织的价值化役量和管理绩效就越低。

（4）公司的经营业绩取决于组织价值化役量的发展水平。公司经营业绩的方差分析结果显示，公司内部人力资源按照价值化为基础的个人役量发展阶段的分布决定了公司的价值化役量，以及组织价值化役量发展的水平。公司的绩效对管理绩效有积极影响。

（5）无论公司的经营环境如何，公司的组织价值化役量越发达，公司的竞争力就越强，经营业绩就越高。

由于数据有限，本研究部分证明了标准的数学价值价值化役量分布（30-50-20）理论和组织价值化役量发展的第四阶段。在未来的研究中，预计将收集更多样本，并通过深入的实证研究加以补充。

13.8.2 启示

根据这项研究，关于根源性 5 价值化役量理论的实证分析结果在未来对企业竞争战略和竞争优势的研究具有以下用途和启示。

（1）当今企业竞争战略的制定主要围绕现有的竞争战略理论。因此，存在一个局限性，即没有适用于所有情况的实用竞争策略。然而，基于根源性 5 价值化役量的竞争战略创建了一个功能齐全的系统，它是一种可以在任何情况下应用的方法。因此，未来竞争战略的制定在不忽视现有的竞争战略方法的前提下，应该通过基于根源性 5 价值化役量评价的竞争战略方法来获得竞争优势。

（2）企业管理中重要的是组织成员的选择和安排。到目前为止，员工选择和聘用的标准大多是教育或经验等专业领域的相对水平。然而，由上述研究可知，对组织绩效产生重大影响的是成员有价值役量的发展，而不是学术背景或职业经验。正如本书所解释和讨论的，组织成员的根源性 5 价值化役量被激活得充分，创造组织价值的能力就越大，组织绩效就越高。因此，在企业人才选拔和培训的过程中，对根源性 5 价值化役量的发展水平进行评估和开发具有重要意义。

在人力资源管理过程中，应强调价值增值的作用，具体提出如下建议。

①科学的人力资源规划。

积极实施人力资源规划。一是根据企业战略目标的需要，确定特定时间的企业人力资源开发、目标设定、政策执行和预算分配。二是建立系的工作计划，实现公司人力资源的总体规划。主要包括招聘和引进计划、组织架构和创造就业计划、人员配备和使用计划、人员更换和晋升计划、培训和教育计划、绩效评估和激励计划、劳动关系计划和退休和解雇计划。

②有效的激励策略在大数据行业应注意以下几点。

强调个人的自我激励，将个人激励与群体激励有机地结合起来。在现代"以人为本"的企业中，自我激励是最有效的鼓励。对于公司来说，最好的表现是公司实施激励的时候，从被动执行者到主动执行者的转变，这是个人发展中非常重要的一个过程。大数据企业在实施激励时，应重视科技人才的自尊和个人感受，了解和尊重他们乐于接受具有挑战性的工作，追求自我成长的特点。此外，通过强调个人的"自我激励"，实施有效的自我监督、自我评价和自我控制，将科技人才的个人目标与组织目标相结合。

（3）组织人力资源部门诊断并了解组织成员的根源性5价值化役量发展水平和分布，剖析其对组织价值化役量及经营绩效的影响。这是因为，正如本书的实证分析所讨论的，如果组织中成员的根源性5价值化役量发展水平的人力分布高于标准数学分布，则该公司是创新型企业，并且获得竞争优势和较高的管理绩效。因此，在制定公司的竞争战略时，应根据成员的根源性5价值化役量开发水平，通过对价值化役量的分布进行规范化，来调整组织的人力分布。

（4）从个人役量理论的角度，不断研究公司竞争战略的制定。价值化役量理论是个人役量理论的一部分。根据 Kyung hwan Lee（2019）的说法，个人役量是个人的内部过程，它是成功工作绩效的原因。个人役量是由性格役量与个人经验和知识等身份和智力特征相互作用形成的。人与生俱来就具有五种个人役量，即创造力、情商、自我实现自由意志、自我净化和自我价值。

从这个角度可以看出，个人役量是由五种个人役量发展而来的。本书从评价能力的角度验证了个人役量理论，在未来的研究中，期望对个人役量理论在创造能力、情商、自我实现自由意志、自我净化等方面进行更全面的竞争战略研究。

（5）提高企业竞争力。传统行业企业竞争力的提高主要集中在对企业管理目标的确立、管理者的领导力、企业的内外部环境等因素进行研究。大数据产业竞争力的提高通过以下几个建议来实现。

①完善管理体系，提升创新能力。

为提高大数据产业竞争力，应着力重建创新产业集群。一是软环境相辅相成，为人才发展提供良好的发展环境，吸引人才。其次，要强化金融环境，加强对中小企业的金融支持。最后，要重视提高政府工作效率和透明度。

②补充政策，加强政府引导和促进体系。

要建立产品研发环境和产业化政策支持体系，营造促进大数据产业发展的良好政策环境，强化政府政策对大数据产业发展的引领作用。政府及相关部门要在财政、税收、金融、信用、知识产权、科技绩效评价、政府采购等方面全面完善政策法规体系，提供贷款抵押、免息或低息贷款，降低税收，鼓励金融机构投资大数据企业，强化贷款和税收优惠政策，扩大财政杠杆作用。

加强知识产权保护和宣传，鼓励企业保护知识产权，积极申请专利，避免知识产权纠纷。山东省就将海洋产业、信息技术等创新产品纳入财政资金优先采购范围。合理分配政府采购中小企业产品的采购比例，支持中小企业发展。充分利用各项福利政策和配套政策措施，解决疑难问题，建立可调整的经营章程。在制定支持大数据产业和企业发展的各项福利政策时，要制定更细、更全面的规定。涵盖行业准入许可、生态友好、监管等问题，明确财税支持、土地收益、项目审核、公司上市等程序的细则和支持。

③加强高新技术产业建设，形成创新产业集群。

山东省共有9个国家级高新技术开发区，这些技术开发区是在政府的领导下投资建设的。这些科技开发区规模大,引领战略性新兴产业发展,经济效益非常高。加强大数据高新技术开发区建设,引进科技含量高、经济效益好、引领扶持力度大的高新技术项目,重点培育扶持有潜力的高新技术企业,使企业做大做强,引导它们走创新道路,鼓励企业积极创造新产品,运用新技术、应用和创新,促进技术进步,提升行业核心竞争力,为地方高新技术发展贡献力量。

④拓宽金融渠道,实现投资主体多元化。

由于大数据行业是高投资行业,因此需要有系统的资金支持体系。要解决这些企业的市场化财务问题,需要拓宽资金渠道,形成政府财政支出。应建立多渠道相结合的贷款体系：银行贷款、民间融资、企业自筹资金、国际支持等。山东省在科技研发方面的绝对投入领先全国,进一步提高财政资金收益。为孵化高质量高新区的企业提供更多的财政资金。政府还必须发挥调节投资的作用。个人的作用是为企业建立投资贷款平台,向金融机构介绍前沿项目,并提供必要的抵押品。

⑤加强国际交流合作,提升大数据产业出口引领力。

加强国际交流合作,吸引资金、技术、企业和人才,积极向海外拓展。支持设立海外研发中心,开拓海外高新技术市场,开展国际化管理。

提高山东省大数据产业国际化水平。要通过与国外知名企业和集团的深度交流合作,促进大数据贸易,提升先进企业的知名度。

提高自主品牌产品的开发和生产,占据海外的市场份额。为鼓励和引导跨国企业,应在山东设立地区总部、研发机构、采购中心,引进先进技术,提高产品成熟度。高效率、市场清晰的大数据项目,加速了山东省高新技术产业的发展。

第十四章 创新能力与新旧动能转换

14.1 研究背景

2015年10月,李克强总理正式提出"新旧动能转换"这一思路,其内涵可以概括为:"新动能"对应"新经济",指创新型知识占主导,创新产业成为龙头的新经济形态;"旧动能"则对应包括"两高一剩"产业在内的传统产业和经济模式。"新旧动能"共同构筑了新常态背景下支撑经济的权力,"新旧动能"之间的合理转换问题,成为国家发展战略的焦点。

"新旧动能"概念从2015年提出到2016年内涵丰富,再到2017年"新旧动能转换"具体工作推进,政府对新旧动能转换给予了高度重视。"新旧动能"作为政府及媒体当今热词,学术界并没有给出统一、确切的定义。2019年3月,孙丽文等就"新旧动能"提出的背景,从我国经济发展研究的角度对其内涵进行解释。

一般来说"旧动能"指原有的经济驱动力,主要是传统经济模式和传统产业两个方面。前者主要指依靠人力资源和自然资源投入、大量投资、大量中低端产品出口、大量房地产投资所形成的经济增长模式;后者指自国际金融危机以来,为了保增长、保就业和保稳定,对落后产能和产业所实施的一些促进性政策，过度反危机的结果导致产能过剩问题突出，形成一批"僵尸企业"和"两高一剩"企业。

"新动能"的内涵很广泛，主要是以新技术、新产业、新业态、新模式"四新"经济为核心的产业驱动权力。新动能既可来自"无中生有"——新经济的发展壮大，也可来自"有中出新"——传统产业改造提升，新动能的形成主要依赖于体制创新、技术创新、产业转型升级、服务创新等。一般来说，要推动新技术、新产业、新业态的成长，培育壮大新动能，加快发展新经济，核心是创新，一种新的产业形态或模式对经济融合与渗透，不断衍生出新的动能，成为促进经济社会发展的新动力。

张银银和邓玲（2013）将创新驱动战略分为前端驱动、中端驱动和后端驱动。马胜利（2015）以中国高技术产业创新驱动中低技术产业经济增长为切入点，将高技术产业创新驱动中低技术产业增长的过程分为4个阶段：嵌入驱动、协同驱动、融合驱动和逆向驱动。辜秋琴，董平（2016）在新常态背景下，介绍了自主创新实现产业结构优化升级的推拉机制。

赵丽娜（2017）分析，产业转型升级是经济增长新旧动能转换的外在表现，新旧动能有序转换是产业转型升级的内在动力。由此可见，"新旧动能转换"已经成为当前我国社会经济发展的核心问题，我国也正处于实施和规划新旧动能转换工程的重要时期，而服务企业新旧动能转换正是实现产业转型升级的重要推手。

迄今为止，大多数学者从创新驱动的过程和环节、基于不同的创新视角和从不同层面的创新对产业转型升级的作用进行创新和产业转型升级研究，但直接研究创新对新旧动能转换的驱动机制，进而针对服务型企业，研究新旧动能转换动力因子的构成及其内容的成果则少之又少。

从行业角度来看，大数据服务企业近几年迎来了发展的黄金时期。刑黎闻（2017）在《信息化建设》杂志发表的特稿《云计算大数据产业发展进入新阶段——云计算大数据呈现出技术创新和应用推广快速发展的态势》中提及：云计算大数据已经从技术导入期，进入了产业蓬勃发展阶段，呈现出技术创新和应用推广快速发展的态势。2015 年，大数据相关产业实现业务收入 2800 亿元，增速超 30%；2016 年，该行业各大厂商的业务收入均实现翻番。与此同时，大数据企业肩负的社会责任，也日益受到学界和业界的普遍关注。2014 年，中共中央党校张兰廷在博士毕业论文《大数据的社会价值与战略选择》中提出，大数据对人类经济社会发展的影响有三，其中就包括了推动增强社会管理水平。因此，大数据服务企业在新旧动能转换大背景下发挥其社会经济作用的原理机制值得研究，而基于该机制的决策研究更具有很高的社会经济价值。

基于上述分析，本书拟针对云计算-大数据服务型企业，研究其助推新旧动能转换的内在机制，并在先行研究的基础上，明确划分其新旧动能转换动力因子的种类并明示其使用定义，借此为该方向的向后研究提供科学的理论范本。

14.2　新旧动能转换的动力来源

新旧动能转换的重点，是以技术创新为引领，创新发展战略使我国由原来依赖资源发展、以投资和出口驱动的粗放型经济增长模式向着依靠创新发展、以消费和技术驱动的集约型经济增长模式转变。

Lundvall. Schmoch 等的大量研究表明，创新不仅产生于企业层面而且也发生于区域层面、国家层面甚至全球层面。本书借鉴上述研究，结合我国实际情况，从国家、产业和企业三个层面解释了新旧动能转换动力的来源结构，如图 14-1 所示。

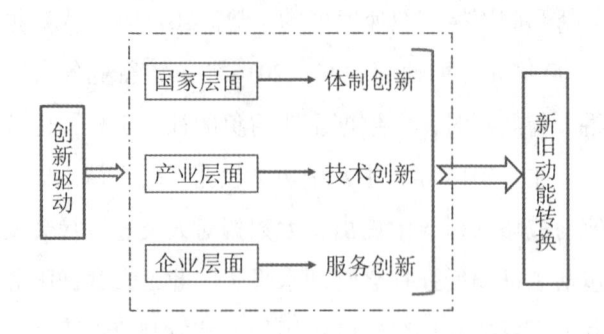

图14-1 创新驱动新旧动能转换的结构分析

从国家层面上看,体制创新为创新驱动战略的有效实施提供良好的环境,是新旧动能转换的保障力;从产业层面上看,技术创新促进产业结构转型升级,是新旧动能转换的核心驱动力;从企业层面上看,企业服务创新能力的提升能够影响企业的竞争力、拉动消费需求,是新旧动能转换的关键驱动力。在创新的每个环节,都有知识、技术、信息、数据等新生产要素的不断投入,形成一个动态的整体,在经济循序渐进发展中实现新旧动能转换。无论从国家层面、产业层面还是企业层面来说,在资源枯竭的约束力、环境负效应的压力下,各企业为了在效益追逐和竞争中占据优势,不得不主动创新,寻求技术进步,因此新旧动能转换的根本落脚点在于创新驱动。

14.2.1 技术创新对新旧动能转换的作用机制

具体而言,创新过程分为三个阶段:上部驱动、中部驱动和下部驱动,同时在创新推动新旧动能转换过程中,不断有技术的改造升级和新技术的引进,科技创新是实现产业转型升级和新旧动能转换的驱动权力。

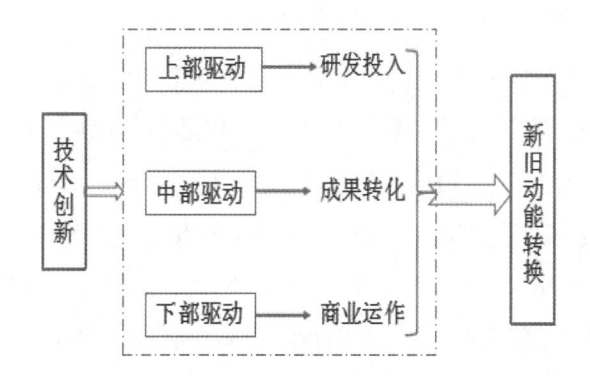

图14-2 技术创新对新旧动能转换的作用机制

如图 14-2 所示，在上部驱动中，通过在研发设计阶段进行知识累积和科技投入，为技术改造升级提供资金支持，此阶段对科学知识有着严格要求，具有高投入、高难度和高风险"三高"特征，此时来自政府和市场的支持很重要，企业需要在用户创新的基础上通过独立研究或者协同合作来为自己转型发展奠定坚实基础；在中部驱动中，通过生产运营阶段改善工艺流程，将企业在上游阶段积累的知识运用到生产管理过程中，通过工艺创新和产品创新两种方式作用于产业升级，实现成果产业化，为产业转型奠定资金基础和应用基础；在下部驱动中，主要是应用服务阶段，是新技术和新产品直接面向市场的过程，实现将前期积累的知识、人力等各方面资源转化为经济效益，此时创新会带动一批新兴产业的崛起，不断刺激新产品和新服务的出现，改变经济动能结构。总之，创新通过作用在这三个阶段，实现产业转型升级，进而完成"旧动能"改造和"新动能"培育双重任务，最终实现新旧动能转换。

14.2.2 服务创新对新旧动能转换的作用机制

随着社会竞争的不断加剧，企业不能再单纯模仿技术和先进的经营方式，而是要通过各种手段实现服务创新，产生新业态和新模式，进而加快动能转换步伐。

根据服务营销的 7P 理论，企业作为市场营销活动主体，需要适应内外部环境变化，把适当的产品（Product），以适当的价格（Price），在适当的时间和地点（Place），用适当的方法销售（Promotion）给尽可能多的顾客，以最大程度地满足市场需要，并在人员（People），过程（Process）和有形展示（Physical presentation）方面突出服务特色，获得竞争优势。

新兴业态发展的内容载体是创新的产品和服务，因而新兴业态关注的是产品和服务输出所产生的经济效益，而产品和服务输出的最终归宿是消费者客户。在企业内部层面，服务创新是为了使企业发展更好的软技术创新活动，主要包括企业赖以生存的支撑技术和运营发展战略。企业需要注重人才培养，争取更多的发明专利数，掌握并不断更新企业发展的核心和关键技术，实现产品创新，如为了解决共享单车密码随意被破解问题，企业不断地进行创新尝试，这些伴随企业自主创新能力提高产生的新业态有强大动能；此外服务创新侧重企业的发展战略和运营方式，企业需要明确自己的市场定位，营销不仅仅只在线下，可以线上和线下同时进行。在企业外部层面，服务创新是为了满足人类需求的创新活动，更加重视生活的便利性和工作环境的舒适度。面对不断变化的市场，通过加强企业之间的合作，实现行业跨界融合，利用合作创新的权力转变其经济发展模式，使企业有能力去应对现有市场并且可以根据时局变动有效地预测市场，更好地服务消费者。而且在企业内部层面实现的创新最终都要作用于消费者，服务创新不仅可以实现消费者的现有需求，还能够利用先进的技术合理地创新需求。具体来说，随着互联网与物联网应用的日益成熟，企业通过创新管理方法和经营策略，运用大数据经营消费者，利用大智移云技术发展一种新的商业模式，如互联网+光伏模式就是对传统产能的一种改造，能够刺激新的消费理念与需求的诞生，培育发展壮大新动能，支撑产业的可持续发展。新的消费理念与需求的诞生，改变了市场需求结构，导致市场资源重新配置，引起产业结构的调整与转变，可以说企业的服务创新带动着市场需求结构的调整，是新旧动能转换的关键动力。

自主创新与需求的变动通常是相互影响的，以动态的眼光去看待服务创新对新旧动能转换的作用，了解创新贯穿于新旧动能转换的全过程，在高速运转的信息化时代，只有持续不断地将"四新"嫁接运用到传统产业，创新激发其发展的内生动力，才能正确指导产业结构的优化升级，推动农业、传统工业、制造业和传统服务业实现智能化，释放传统动能的巨大潜力。

14.2.3 体制创新对新旧动能转换的作用机制

政府的体制创新为技术创新和服务创新驱动新旧动能转换提供制度环境和市场环境保障。通过体制创新破解制约新动能成长和传统动能改造提升的体制机制障碍、培育壮大经济发展新动能、加快新旧动能接续转换。十九大报告指出要以"一带一路"建设为重点，坚持引进来和走出去并重，加强创新能力开放合作，培育贸易新业态和新模式，体制创新为经济发展提供了有利的市场环境。

本书根据新旧动能转换的创新动力来源，结合政府政策导向及经济发展状态，总结出了体制创新对新旧动能转换的作用机制如图 14-3 所示：

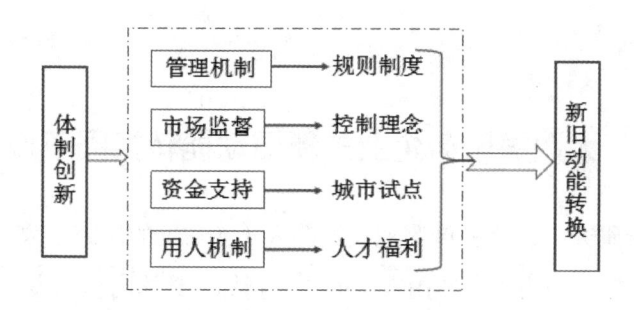

图14-3 体制创新对新旧动能转换的作用机制

体制创新主要从管理创新、市场监管创新、资金支持和用人机制四个方面分别对新旧动能转换进程提供服务、市场、资金和人才保障。第一方面是通过提高政府工作的能力和水平，对政策法规标准进行适时的动态调整，主动适应传统动能改造提升和新动能培育壮大的需要，进一步提高行政审批效率；第二个方面是通过创新监管制度，加强对市场的宏观调控，在新兴经济领域鼓励创新的治理理念，激发市场潜在活力，加速智力要素集聚流动，强化科技成果加速转化应用机制，改造和提升传统产业经济模式；第三方面是通过加大中央财政转移支付资金和中央预算内资金对资源枯竭城市的支持力度，对资源依赖型区域进行可持续发展试点，逐步建立多层次的可持续发展政策保障体系。第四方面是完善用人机制，通过提供一系列的科研福利保障，创新和谐的工作环境，对科研人员给予一定的住房补贴等解决家庭顾虑，全身心地投入新旧动能转换工作中，更好地服务新产业和新业态的健康发展。

综上所述，国家出台的一系列措施都旨在从制度层面消除当前阻碍新旧动能接续转换的障碍，健全完善体制机制，为新动能形成培育良好的制度环境，形成规范有序的市场环境。体制创新作为新旧动能转换过程的保障力，贯穿在创新驱动新旧动能转换的全过程，其他不同角度的创新都通过实现产业结构转型升级，改变市场需求促进新旧动能加速转换，为经济提供源源不断的增长动力。

14.3 大数据服务企业的新旧动能转换因子设计

在先行研究中，笔者借鉴刘岐涛等人（2018）的研究成果，初步确定了新旧动能转换动力因子使用定义的参考指标，具体内容如表14-1所示：

表 14-1 新旧动能转换因子的指标体系

（一）知识能力					
1.经济活动人口中硕士研究生及以上学历人数比例	2.企业从业人员中专业技术人员占比	3.每万名就业人员研发人员全时当量	4.高技能人才增长率		
（二）经济活力					
5.新登记注册市场主体数量增长率	6.科技企业孵化器数量增长率	7.国家高新技术开发区企业单位数增长率	8.境内外上市企业数量增长率	9.实际利用外资增长率	10.对外直接投资（中方实际投资额）增长率
11.快递业务量增长率					
（三）创新驱动					
12.R&D经费支出与GDP之比	13.企业R&D经费支出增长率	14.科技企业孵化器内累计毕业企业增长率	15.每万名R&D人员发明专利授权数	16.技术市场交易额增长率	17.马德里商标国际注册申请量增长率
（四）数字经济					
18.固定互联网宽带接入用户增长率	19.电信业务总量增长率	20.电子商务销售额增长率	21.电子商务采购额增长率	22.批发零售业商品网上零售额占线上零售额的比重	23.农业信息化率
（五）转型升级					
24.战略性新兴产业增加值占GDP比重	25.高技术制造业增加值占规模以上工业增加值比重	26.高技术服务业增加值增长率	27.工业技术改造投资占工业投资比重	28.非水可再生能源发电占比	29.通过电子商务交易平台销售商品或服务的企业占比

续表

30.城市商业综合体商户数增长率	31.高新技术产品出口增长率	32.单位GDP能源消耗降低率			
（六）发展成效					
33.全员劳动生产率	34.新经济增加值占GDP比重	35.每万元固定资产投资创新GDP	36.税收占一般公共预算收入比重	37.文化产业增加值占生产总值比重	38.海洋经济增加值占生产总值比重
39.居民人均可支配收入					

在此基础上，基于对新旧动能转换动力来源更为深入的研究和理解，并充分联系云计算－大数据企业的实际业务情况，本书总结出了关于云计算－大数据服务型企业助推新旧动能转换动力因子的使用定义，如下表14-2所示。

表14-2　云计算－大数据服务型企业助推新旧动能转换动力因子

技术创新（25个）	上部驱动（研发投入）	①技术人员比例②研发人员全时当量③研发经费增长率④每万名R&D人员发明专利授权数⑤机器设备⑥自主设计能力⑦研发成果数量⑧技术证书（发明、专利数）⑨与高校信息交流
	中部驱动（成果转化）	①技术市场交易额增长率②产品设计水平③标准化水平④产品的均一性⑤企业形象⑥与他公司的信息交流⑦与客户关系⑧竞争对手⑨成本价格因素
	下部驱动（商业运作）	①马德里商标国际注册申请量增长率②电信业务增长率③电商销量增长率④成本控制⑤品牌知名度⑥市场垄断性⑦引领文化潮流

续表

服务创新 （19个）		①新产品导入速度②替代品威胁③高技术服务业增加值④交货水平⑤设计柔软性⑥生产弹性⑦AS水平⑧客户损失预防⑨少量订单客户⑩与当地关系⑪少数顾客的依赖度⑫地理位置⑬员工权责明晰⑭提供培训⑮信息共享⑯自主决定权⑰快递业务量⑱员工间相互协作⑲员工上下级秩序
体制创新 （24个）	管理机制 （规章制度）	①新登记主体数量②科技创新孵化器数量③电商平台利用率④新经济增加值⑤税收比重⑥各部门权责分配⑦部门合作制度⑧部门目标协商
	市场监管 （控制理念）	①国家级高新技术开发区企业数增长率②境内外上市企业增加值③战略性新兴产业增加值与GDP比重④高技术制造业增加值占规模以上工业增加值的比重⑤城市商业综合体商户数增加率⑥文化产业增加值与生产总值比重
	资金支持 （城市试点）	①实际利用外资增长率②对外直接投资增长率③研发经费支出与GDP之比④高新技术产品出口增长率⑤单位GDP能耗降低率⑥每万元固定资产投资创新GDP值
	用人机制 （人才福利）	①经济活动人口中硕士研究生以上学历人数比例②高技能人才增长率③全员劳动生产率④居民人均可支配收入

14.4 成果应用

本书的研究成果，对新旧动能转换动力因子进行了更为细致科学的划分和解释，并以云计算-大数据服务型企业这类主流新兴科技企业为对象，具有较强的针对性和较高的社会研究价值。其中，产业层面的技术创新因子和企业层面的服务创新因子可以直接应用于企业竞争优势相关的实证研究，最终，对企业竞争战略和发展策略的制定起到指导作用；而国家层面的体制创新因子则可用于政府及社会公益机构扶持新旧动能转换的政策研究和相关建议的提出。

第十五章　新旧动能转换与服务企业竞争优势

15.1　服务企业竞争优势

企业的竞争力是由企业在相应的产品或服务市场上所处的竞争位置决定的。这样的竞争位置指的是其产品与竞争企业的产品之间，在价格、品质、配送期限、灵活性和信赖度等竞争要素上的相对位置。也就是说，如果一个企业的产品或服务与竞争企业的产品或服务相比，价格低，或品质高，或配送时间短，或信赖度高，或灵活性强的话，就可以认为这个企业在本行业中的竞争位置是相对比较高的，也就是说，它具有了竞争优势。

在 Chamberlin（1939），Selznick（1957），Hofer & Schendel（1978）和 Michael E.Porter（1985）等学者的努力下，竞争优势的理论研究已经形成了较为完整的体系。竞争优势被定义为一个企业或国家在某些方面比其他的企业或国家更能带来利润或效益的优势，如技术、管理、品牌、劳动力成本等；或相较于竞争对手拥有的可持续性优势，如优势资源、先进的运作模式，更适合市场的需求。企业通过上述某个领域或者是多个领域相互作用形成优于对手的核心竞争力。此后，诸多学者就企业竞争优势来源的问题进行了深入细致的研究。

李庆焕1994年在其论著《超优良企业的技术革新》(韩国专著)中提出：竞争优势指的是本企业同竞争对手相比，在价格、品质、配送期限、灵活性和信赖度等竞争要素上的相对位置。

Jay B. Barney 和 William. Hesterly 的观点则认为，企业只有在与竞争对手相比创新出更多的经济价值之时才能被视为取得了本行业的竞争优势。

由此可见，竞争优势的取得与价格、品质、配送期限、灵活性和信赖度等竞争要素有着密不可分的关系。然而，各竞争要素之间存在的相冲关系，使得同时获取所有竞争要素上的竞争优势成为了不可能完成的任务。

因此，美国哈佛商学院名牌教授迈克尔·波特（Michael E. Porter）提出了著名的"三大战略"，即总成本领先战略、差异化战略和专一化战略。波特认为，只要企业实现了"三大战略"中的任意一个战略的成功，都可以获得本行业平均水准以上的经济成果。但张雪兰（2007）指出，波特三大战略必须通过整合才能够成为企业获得竞争优势的来源，创造出价值。

纵观各学者的研究成果可以发现，关于竞争优势来源的研究虽然注意到了竞争优势定义中"比较"的内涵，努力分析影响企业竞争优势变化的诸多因子，但由于缺少相关理论的支持，最终未能确定竞争优势影响因子的具体内容，也即"比什么"的问题，这使得该类研究进入了瓶颈。

为解决这一问题，韩国教授李庆焕（Kyung Hwan Lee）提出：企业经营活动从根本上讲属于人类行动的一种，应从人类行动和组织行为的观点出发研究竞争优势的创造及来源问题。这一主张为企业竞争优势理论研究提供了一个崭新的思路。

2001年，李教授在其著作《国家生存战略》（韩国专著）中正式提出了名为"Concordance Process"的竞争战略理论。权力主体间为了生存而形成的竞争与合作的动态过程就是 Concordance Process，Concordance Process 创造出竞争优势。该理论的主要内容为权力主体的五种属性，即创新属性、保存属性、支配属性、归属属性及结合属性。权力的创新属性就是追求独创的事物、全新的事物，发明创新、珍奇的事物和想象的能力。它并不是随时随地都会显现，而是当某种条件被满足之时才会显露出来。权力的保存属性使得一个权力主体得以与其他权力主体相区分，是其他四种属性的基础与根据，主要以职员责任的明确性、自有生产技术和产品差别性的形式内在于企业之中。权力的结合属性指的是具有对等的相互影响力的权力主体之间的结合，它是由人类的生存本能引发的，在企业中主要表现为各部门间的相互协作。权力的支配与归属属性与权力主体的阶级秩序有关，在企业中表现为企业内部为了业务的开展而设立的各部门各成员间的阶级秩序。通过权力的五大属性，Concordance Process 解释了企业成员之间竞争与合作相协调的合理秩序形成的奥秘，企业竞争优势即由来于权力主体的五大属性。

从服务型企业的角度看，服务是一种或多或少具有无形性特征的活动或过程，它是在服务提供者和服务接受者互动的过程中完成的，同时，服务也是一种企业实行差异化战略的重要手段。服务具有无形性、不可分离性、差异性、不可储存性等特点，其生产与销售往往同时完成，且没有库存。与制造型企业相比，服务型企业的一个最大特点就是人力资本在企业资本中的占比高，人力资本已经成为服务型企业的"第一资源"。服务型企业的经营理念是一切以顾客的需求为中心。其工作重心是以产品为载体，为顾客提供完整的服务，其利润总额中，提供服务所创新的利润占据重要比例。

由于服务的特殊性，服务型企业竞争优势的获取和评价，一直是学界和业界的一大难题。目前，我国绝大多数服务型企业都遇到了发展思路不清晰、竞争优势不明确等问题。现有的关于服务型企业竞争优势的研究少之又少。

15.2　新旧动能转换的动力机制

"新旧动能转换"一词首次正式出现是在 2015 年 10 月，当时对我国经济的初步判断是"正处在新旧动能转换的艰难进程中"。"新旧动能"概念从 2015 年提出到 2016 年内涵丰富，再到 2017 年"新旧动能转换"具体工作推进，政府对新旧动能转换给予了高度重视。

由于"新旧动能转换"是一个较新的提法，并没有充足的理论成果可以借鉴。现有的相关研究大多立足于政府机构的社会管理，但基于服务企业的相关研究少之又少。刘岐涛等人在 2018 年发表的论文《新旧动能转换指数测度研究》的研究成果，初步确定了新旧动能使用定义的参考指标，但缺乏理论依据，没有形成体系化的实施方案。因此，2019 年，耿禧则等在论文中以云计算 – 大数据企业为研究对象，确定了服务型企业新旧动能转换动力因子的具体内容，但尚未得到广泛应用。

孙丽文等（2018）指出，产业转型升级是新旧动能转换的外在表现，新旧动能转换是促进产业转型升级的内在动力，其原理机制如图 15-1 所示。

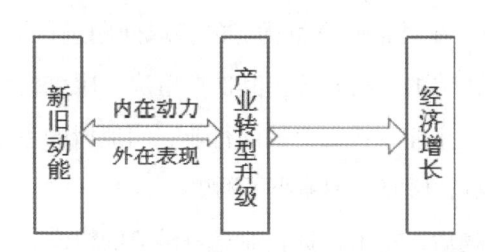

图 15-1　新旧动能转换动力机制模型

上述研究揭示了新旧动能转换与产业转型升级之间的关系，但并未究明其相互作用的具体因子和因子间的相互作用。可以讲，关于新旧动能转换的内部动力机制问题，尚无相关学者进行过系统研究。

笔者认为,Concordance Process 是解释企业作为一个权力主体如何创出竞争优势的有效理论。Concordance Process 主张的权力的五种属性即企业竞争优势的来源，即竞争优势影响因子，这就为解决企业竞争优势来源研究中"比什么"的问题找到了有力的理论依据。

因此，本部分内容将以 Concordance Process 理论为基础，从权力的五种属性出发，利用已经获得的新旧动能转换动力因子，建立数学模型，通过实证研究，确定服务型企业竞争优势因子与新旧动能转换动力因子之间的相互作用关系；最终初步构建出服务型企业的竞争优势与新旧动能转换动力来源的解析模型，从而从新旧动能转换的角度，为服务型企业获取竞争优势找到一条崭新的途径。

15.3 数学模型的建立

竞争优势是企业同竞争对手相比，在价格、配送期限、品质、信赖度和灵活性等竞争要素上的相对位置。因此，竞争优势是一个比较的概念，首先要解决"比什么"的问题。3M 企业经营成果测定法是从竞争优势的角度出发，将企业成果划分为企业制造成果、市场成果和经营者成果三个方面的测定方法。在对企业竞争优势的获取问题进行研究时，3M 法最能够体现企业竞争优势的享有程度。其次要解决"跟谁比"的问题，本书提出比较的对象应是企业直接面对的同行业、同地域的主要竞争对手，相对于其他学者的观点，研究范围缩小了不少。

明确上述问题后，本书根据企业竞争优势的概念，初步构建了企业竞争优势来源的数学模型。

$$CS = \frac{W_a}{W_b} = \frac{[E_a(1+\alpha_a)(1+\beta_a)-(C_{a1}+C_{a2}+C_{a3})]\sum_{i=1}^{n} q_{ai}}{[E_b(1+\alpha_b)(1+\beta_b)-(C_{b1}+C_{b2}+C_{b3})]\sum_{j=1}^{m} q_{bj}}$$

$$= f\left(E_a, E_b, \alpha_a, \alpha_b, \beta_a, \beta_b, C_{a1}, C_{b1}, C_{a2}, C_{b2}, C_{a3}, C_{b3}, \sum_{i=1}^{n} q_{ai}, \sum_{j=1}^{m} q_{bj}\right)$$

其中，CS 为 A 企业与其主要竞争者 B 企业相比的竞争优势，W 为企业获利性，E 为输入物价值，α 为活动增加系数，β 为价格影响系数，该模型为一个多元函数。

W=（P-C）Q

其中，P 表示单件产品的价格，C 表示单件产品所耗费的所有成本，Q 表示该产品在某一时段内的销量。

进一步分析可以得出：

P=V（1+β）=E（1+α）（1+β），其中，V 是产品的价值。

$C=C_1+C_2+C_3$，其中：C_1 表示单件产品的生产成本；C_2 表示单件产品的管理成本；C_3 表示单件产品的交易成本。

$Q=q_1+q_2+q_3+\cdots+q_n=\sum_{i=1}^{n}q_i$，其中：$q_n$ 表示第 n 个顾客在本时段购买的产品数量。

15.4 实证研究

本部分内容以中国山东省内的服务型企业为研究对象，就其新旧动能转换动力及竞争优势的获得进行了实证研究。

15.4.1 样本抽取与数据收集

作者于 2018 年 7~12 月，随机抽取中国商业经济学会和山东省服务企业研究所登记在册的企业 166 家作为研究样本。调查对象为上述企业中的企业战略决策者、战略评价执行者及战略管理协调者。问卷《关于中国服务型企业竞争优势的调查问卷》，经检验分析，局部范围内的检验结果 α=0.900，能够明确地反映研究意图，信度较高。最终调查共发放问卷 166 份，收回问卷 160 份，其中有效问卷 143 份，有效问卷率 85% 以上。

15.4.2 要因分析

为将研究各要素变量简化为有意义的几个次元，本研究针对 Concordance Process 和新旧动能转换动力因子各要素，通过 SPSS18.0 统计分析软件，分别进行了要因分析。要因分析结果如表 15-1、表 15-2 所示：

表 15-1 关于 Concordance Process 各权力属性的要因分析结果

要因	C（创新属性）	B（保存属性）	J（结合属性）	Z（支配与归属属性）
固有值	3.32	2.98	4.02	4.00
累计值	56.25	76.33	80.04	66.31
信赖度	0.85	0.86	0.88	0.90

表 15-2 关于新旧动能转换动力因子的要因分析结果

分类	技术创新			服务创新		体制创新			
要因名称	上部创新	中部创新	下部创新	服务特性	服务质量	管理机制	市场监管	资金支持	用人机制
要因代码	T-1	T-2	T-3	S-1	S-2	O-1	O-2	O-3	O-4
固有值	6.10	3.32	4.13	0.98	5.73	2.04	6.11	0.89	3.01
累计值	51.46	63.90	39.20	39.12	63.81	51.22	65.88	12.22	60.03
信赖度	0.88	0.94	0.71	0.22	0.69	0.71	0.80	0.56	0.88

数据结果表明，大部分要因按照实现设计的结果得以归类，并呈现为固有值大于 1，但也有少数要因例外。服务创新相关要因按照一个要因组设计，但数据呈现为两个要因组。其中，S-1 要因由于固有值和信赖度均低，被认为不具备代表性，在研究中被删除；O-3 资金支持要因也表现为较低的固有值和累计值，这说明政府对企业资金支持的方式和水平较为分散，因此，在研究中也删除了 O-3 要因。最终，本研究获得固有值在 1 以上的有效要因共 11 个；固有值在 1 以上的 Concordance Process 要因共 4 个；

固有值在 1 以上的新旧动能转换动力要因共 7 个。这些要因的代号分别为：C、B、J、Z、T-1、T-2、T-3、S-2、O-1、O-2、O-4。

15.4.3 相关分析

本研究利用上述要因分析所产生的要因值，通过 SPSS18.0 统计分析软件，对研究各变量（C、B、J、Z、T-1、T-2、T-3、S-2、O-1、O-2、O-4）做 Pearson 相关分析，结果见表 15-3：

表 15-3 Concordance Process 变量与新旧动能转换动力变量间的 Pearson 相关系数

变量	T-1	T-2	T-3	S-2	O-1	O-2	O-4
C	0.796**	0.423*	0.053	0.442*	0.559*	0.711*	0.034
B	0.122	0.786**	0.476*	0.107	0.869**	0.365*	0.500*
J	0.565**	0.435*	0.882**	0.200	0.505*	0.423*	0.435*
Z	0.889**	0.533*	0.512*	-0.516*	-0.013	0.509*	0.601*

注：**表示在0.01水平（双侧）下显著相关，*表示在0.05水平（双侧）下显著相关

由上述统计结果可以看出，Concordance Process 与新旧动能转换动力各变量间大部分均呈现出显著的正相关关系，这说明 Concordance Process 通过提高企业竞争优势促进新旧动能转换，转化为新旧动能转换的动力来源。其中，相关关系较为明显的几个数据可以解读为：创新属性（C）对于技术创新的上部（T-1）的正向影响显著。这说明，在技术研发和科技投入阶段，服务型企业的创新力是获取竞争优势的主要来源；保存属性（B）在技术创新的中部（T-2）的正向影响显著。这说明，在科技成果转化阶段，服务型企业的自我控制起到了关键作用；结合属性（J）在技术创新的上部（T-1）和下部（T-3）都作用明显。这说明，在科技创新领域，服务型企业与其他企业的协作最为重要；支配与归属属性（Z）对于技术创新的上

游（T-1）的正向影响显著，这说明，服务型企业在研发过程中，要十分重视各部门及上下级关系和秩序的管理。

上述统计结果还表明，在政府层面（O-1、O-2、O-4），权力的五个属性均起到了正向的影响作用。这说明，政府助推新旧动能转换的各项措施可以通过 Concordance Process 理论的五个权力属性提高服务型企业的竞争优势。其中，保存属性（B）的影响力最为显著。这说明，政府助推新旧动能转换的各项举措应该以行业或政府相关法规、制度或惯例为基础，循序渐进地推动服务型企业竞争优势的创造。

同时，Concordance Process 和 Power Process 各变量与竞争优势各变量之间也存在着较为明显的相关关系。总结可知，Power Process 各变量与竞争优势变量存在着显著且比较普遍的相关关系

此外，支配与归属属性在几个要因里出现了负相关的数据。这是因为，该要因项中的某些因子属于支配属性，而另一些因子属于归属属性。某些情况下，支配属性起到了决定性作用；某些情况下，归属属性又占了上风。在今后的研究中，可以尝试将支配和归属两属性分离设立问项，从而归结为不同的要因，来解决上述问题。

15.5 建立新旧动能转换与服务型企业竞争优势关系模型

根据前面的理论推导与数据分析，可以构建一个以 Concordance Process 为中心来解析新旧动能转换与服务型企业竞争优势关系的模型，如图 15-2 所示：

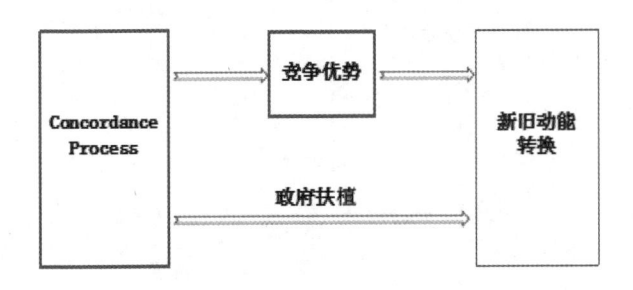

图15-2　新旧动能转换与服务型企业竞争优势关系模型

由上述模型可以看出，Concordance Process 理论的权力五属性发挥作用，建立起服务型企业内部竞争与合作的秩序，从而推动其占据竞争优势。获得行业竞争优势的服务型企业，在政府相关政策的扶植和助推下，进一步实现了新旧动能的转换。可以讲，Concordance Process 理论揭示了服务型企业实现新旧动能转换的动力源泉，也为政府部门助推新旧动能转换提供了有效方法。

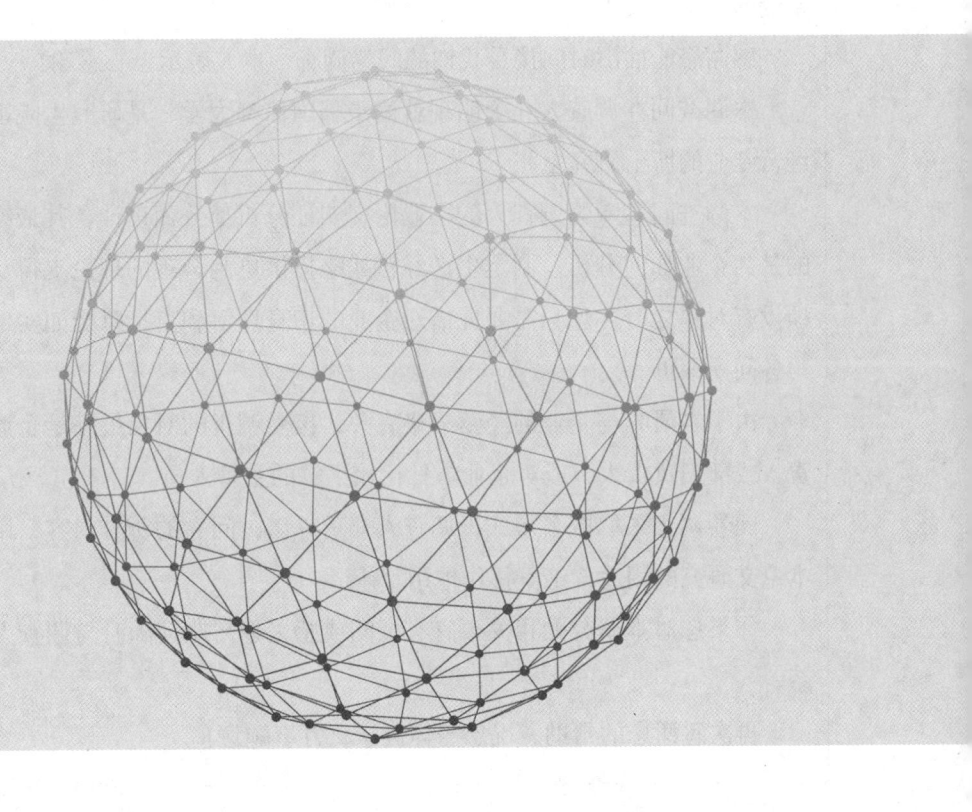

附录

关于企业的价值化役量与竞争优势的调查问卷

亲爱的先生、女士：

感谢您能抽出时间接受我们的问卷调查，本人表示忠心感谢！

本调查问卷调查人孔令明现就读于韩国信韩大学，是研究生院国际经营专业的博士研究生。

本调查问卷专为调查人的毕业论文实证分析部分而设计，其最终目的是为企业如何分析、制定生产经营战略提供更为合理的理论支持。问项没有对错之分，您只需要凭借对企业的切身理解和直接感受如实地填写各问项即可。

由于本研究与企业的经营战略有关，接受调查的对象最好是企业负责人或部门负责人，或对企业方针比较了解的主管人员。

问卷调查采取匿名形式，调查人郑重承诺，问卷的所有内容只用于本论文研究的用途，绝不移作他用。

如果您对本研究的相关事宜有疑问或感兴趣，欢迎随时与调查人联系。

再次感谢您的帮助，祝您身体健康，万事顺意！

附 录

关于企业的价值化役量与竞争优势的调查问卷

    本调查问卷专为调查人的毕业论文实证分析部分而设计,其最终目的是为企业如何分析、制定生产经营战略提供更为合理的理论支持。问项没有对错之分,您只需要凭借对企业的切身理解和直接感受如实地填写各问项即可。

    由于本研究与企业的经营战略有关,接受调查的对象最好是企业负责人或部门负责人,或对企业方针比较了解的主管人员。

    问卷调查采取匿名形式,调查人郑重承诺,问卷的所有内容只用于本论文研究的用途,绝不移作他用。

例子：

问项为单选，请从7个选项中选择1个您认为最合适的答案。	完全不同意	不同意	有点不同意	普通同意	有点同意	同意	非常同意
中国冬天比夏天冷。	1	2	3	4	5	6	7 √

1. 关于根源性5价值化役量的问项

1.1 关于自身组织化役量的问项

问项为单选，请从7个选项中选择1个您认为最合适的答案。	完全不同意	不同意	有点不同意	普通同意	有点同意	同意	非常同意
1. 我清楚地了解公司的目标和业务施行顺序。	1	2	3	4	5	6	7
2. 我没有因工作知识或能力不足而遇到过困难。	1	2	3	4	5	6	7
3. 我没有因个人的过错给组织带来过困难或损害。	1	2	3	4	5	6	7
4. 我没有因无法适当地应对环境变化而耽误过工作。	1	2	3	4	5	6	7
5. 我从未在开发自我能力或提高自身素质方面懈怠过。	1	2	3	4	5	6	7

1.2 关于动机赋予役量的问项

问项为单选,请从7个选项中选择1个您认为最合适的答案。	完全不同意	不同意	有点不同意	普通同意	有点同意	同意	非常同意
1. 我从未拒绝过同事们在业务上寻求帮助的请求。	1	2	3	4	5	6	7
2. 我从未有过对自己有利但损害公司利益的行为。	1	2	3	4	5	6	7
3. 即使是与我有竞争关系的同事向我请求帮助,我也会尽力而为。	1	2	3	4	5	6	7
4. 如果公司成员间的需求不同,我会尽最大努力融合他们的需求。	1	2	3	4	5	6	7
5. 我从未有过无视他人人格或侵犯他人自由的行为。	1	2	3	4	5	6	7

1.3 关于价值创出役量的问项

问项为单选,请从7个选项中选择1个您认为最合适的答案。	完全不同意	不同意	有点不同意	普通同意	有点同意	同意	非常同意
1. 我总是想给帮助我的人适当的补偿。	1	2	3	4	5	6	7
2. 我总是试图凭良心去处理业务问题。	1	2	3	4	5	6	7
3. 我根据道德或职业伦理等组织的无形秩序实施行动。	1	2	3	4	5	6	7
4. 我根据制度或工作规则等组织的类型化秩序实施行动。	1	2	3	4	5	6	7

5.我明确地了解公司产品或服务各竞争因素的排列顺序。	1	2	3	4	5	6	7

1.4 关于环境引导役量的问项

问项为单选，请从7个选项中选择1个您认为最合适的答案。	完全不同意	不同意	有点不同意	普通同意	有点同意	同意	非常同意
1.我公司职员普遍认同个人努力可以获得公司相应的回报。	1	2	3	4	5	6	7
2.我认为公司能充分尊重职业伦理或道德秩序。	1	2	3	4	5	6	7
3.我认为公司的人事制度或工作评定等秩序是公平适用的。	1	2	3	4	5	6	7
4.我认为公司能够充分发挥我的潜在能力。	1	2	3	4	5	6	7
5.我公司的教育制度和训练体系有利于员工的创意力开发。	1	2	3	4	5	6	7

1.5 关于关系管理役量的问项

问项为单选，请从7个选项中选择1个您认为最合适的答案。	完全不同意	不同意	有点不同意	普通同意	有点同意	同意	非常同意
1.我认为组织成员之间的竞争最终将演化为合作关系。	1	2	3	4	5	6	7
2.我尊重与我关系并不友好的同事的价值。	1	2	3	4	5	6	7

续表

问项为单选,请从7个选项中选择1个您认为最合适的答案。	完全不同意	不同意	有点不同意	普通同意	有点同意	同意	非常同意
3. 我虽然在组织中处于优越的地位,但从未利用这些谋求过自己的利益。	1	2	3	4	5	6	7
4. 我喜欢和很多人交流,但更希望和少数人保持精神或情感上的联系。	1	2	3	4	5	6	7
5. 在业务关系中,我从未有过先于对方失去信任的经历。	1	2	3	4	5	6	7

2. 关于个人价值化役量的问项

问项为单选,请从7个选项中选择1个您认为最合适的答案。	完全不同意	不同意	有点不同意	普通同意	有点同意	同意	非常同意
1. 我公司在战略决策时,会充分考虑其对产品各竞争要素(价格、质量、交货期等)的影响。	1	2	3	4	5	6	7
2. 管理人员明确地知道公司获取竞争优势的竞争因素(如价格、质量、交货期等优先顺序)。	1	2	3	4	5	6	7
3. 管理人员更重视公司的中、长期发展,而不是短期成果。	1	2	3	4	5	6	7
4. 我公司的成员对公司的竞争战略了如指掌。	1	2	3	4	5	6	7

续表

问项为单选，请从7个选项中选择1个您认为最合适的答案。	完全不同意	不同意	有点不同意	普通同意	有点同意	同意	非常同意
5.我公司的最高经营者（管理层）明确提出了获取竞争优势的经营战略或方针。	1	2	3	4	5	6	7
6.我公司正在持续实施其经营方针和政策。	1	2	3	4	5	6	7
7.我公司的最高经营者（管理层）对建立竞争战略表现出积极的兴趣并参与其中。	1	2	3	4	5	6	7
8.我公司通过与相关部门（营业、财务等）充分的协商和调整确定了产品的竞争要素。	1	2	3	4	5	6	7
9.我公司在制定公司战略的过程中，能够积极反映组织人员或技术人员的意见。	1	2	3	4	5	6	7
10.比起达到企业的整体目标，我公司的部门管理者更关注本部门的目标达成情况。	1	2	3	4	5	6	7

3.关于经营环境的问项

问项为单选，请从7个选项中选择1个您认为最合适的答案。	完全不同意	不同意	有点不同意	普通同意	有点同意	同意	非常同意
1.我公司所属的行业，其他公司很难进入。	1	2	3	4	5	6	7

问项为单选，请从7个选项中选择1个您认为最合适的答案。	完全不同意	不同意	有点不同意	普通同意	有点同意	同意	非常同意
2. 与我公司有竞争关系的公司数量很多。	1	2	3	4	5	6	7
3. 我公司产品的需求随时限或季节变化很大。	1	2	3	4	5	6	7
4. 我公司少数客户占据了总销售额的很大比例。	1	2	3	4	5	6	7
5. 我公司原材料供应比较顺畅。	1	2	3	4	5	6	7
6. 政府针对企业制定并实施了持续性的扶植政策。	1	2	3	4	5	6	7

4.关于经营成果的问项

问项为单选，请从7个选项中选择1个您认为最合适的答案。	完全不同意	不同意	有点不同意	普通同意	有点同意	同意	非常同意
1. 我公司员工能够自觉自愿地投入到业务工作之中。	1	2	3	4	5	6	7
2. 我公司形成了员工间互助合作的工作氛围。	1	2	3	4	5	6	7
3. 我公司员工具有强烈的业务施行动机。	1	2	3	4	5	6	7
4. 我公司员工的职务满意度正在持续提高。	1	2	3	4	5	6	7

续表

问项为单选，请从7个选项中选择1个您认为最合适的答案。	完全不同意	不同意	有点不同意	普通同意	有点同意	同意	非常同意
5.我公司员工的离职率与竞争对手相比处于较低水平。	1	2	3	4	5	6	7
6.我公司在成本、品质、设计和交付期限等制造成果方面具有竞争优势。	1	2	3	4	5	6	7
7.客户对我公司的产品或服务具有比竞争对手更高的满意度。	1	2	3	4	5	6	7
8.我公司产品的市场占有率正在上升。	1	2	3	4	5	6	7
9.我公司在成本、品质、设计和交付期限等方面的制造成果正在持续提高。	1	2	3	4	5	6	7
10.我公司几乎没有因售后或返工等原因引起过客户的不满。	1	2	3	4	5	6	7
11.我公司的人均销售额比竞争对手高。	1	2	3	4	5	6	7
12.我公司销售额的增速高于竞争对手。	1	2	3	4	5	6	7
13.我公司的销售利润率高于竞争对手。	1	2	3	4	5	6	7

5.关于企业一般事项的问项

1.您的性别是？ ①男（ ）②女（ ）

2.您的年龄是？ （ ）岁

3.您的工龄是？ （ ）

4.您所在的公司名称？ （ ）

5. 您所在的部门？（　　）

6. 您的职务是？

①科员-普通员工（　　）②科长-主管（　　）③主任-经理（　　）

④高层管理人员（　　）⑤其他（　　）

7. 您的最终学历是？

①高中以下（　　）②大学（　　）③研究生及以上（　　）

8. 您公司成立的年数？

①未满3年（　　）3~5年（　　）5~8年（　　）8~10年（　　）10年以上（　　）

9. 您公司的年平均卖出额？

①未满500万（　　）500万~1000万（　　）1000万~5000万（　　）5000万~1亿（　　）1亿以上（　　）。

10. 您公司的职员数？

① 10人以下（　　）10~100人（　　）100~300人（　　）300人以上（　　）。

再次感谢您的帮助，祝您一切顺利。

参考文献

[1] 李庆焕. 国家生存战略 [M]. 首尔：斗南图书出版社 .2001.

[2] 李庆焕. 国家革新战略 [M]. 首尔：斗南图书出版社 .2007.

[3] 李庆焕. 行动经营与组织革新 [M]. 首尔：斗南图书出版社 .2009.

[4] 李庆焕. 生存与革新经营 [M]. 首尔：新论图书出版社 .2011.

[5] 李庆焕. 自我实现与自我管理 [M]. 首尔：法韩图书出版社 .2014.

[6] 李庆焕. 创造性开发与自我实现 [M]. 首尔：法韩图书出版社 .2015.

[7] 王连森，王兴元. 企业竞争优势来源的综合性解释模型 [J]. 科学进步与对策，2009（23）:131—134.

[8] 刘泓，魏文斌，童宇. 基于知识创新能力的民营企业竞争优势实证研究 [J]. 科技管理研究，2011.（24）：130—133.

[9] 耿禧则，孔令明. 以企业竞争优势为中心的 3M 经营成果测定法 [J]. 山东商业职业技术学院学报 ,2011（5）:21—24.

[10] 孔令明，李秀荣，梁承磊. 关于 Concordance Process 与企业竞争优势的探索 [J]. 山东工商学院学报 ,2011（4）:43—46.

[11] 张银银，邓玲. 创新驱动传统产业向战略性新兴产业转型升级：机理与路径 [J]. 经济体制改革，2013（5）：97—101.

[12] 辜秋琴，董平. 新常态下自主创新实现产业结构优化升级的机制 [J]. 科技管理研究，2016（17）：18—23.

[13] 赵丽娜. 产业转型升级与新旧动能有序转换研究——以山东省为例 [J]. 理论学刊，2017（2）：68—74.

[14] 刘岐涛，王磊. 新旧动能转换指数测度研究 [J]. 中国国情国力，2018（9）：52—54.

[15] 孙丽文，米慧欣，李少帅. 创新驱动新旧动能转换的作用机制研究 [J]. 河北工业大学学报（社会科学版），2019（1）：22—28.

[16] 邢黎闻. 云计算 – 大数据产业发展进入新阶段 [N].2018（08）.

[17] 孔令明. 关于价值化役量与竞争优势的研究 [D]. 首尔：信韩大学.

[18] 耿禧则. 关于创意役量与组织革新间关系的研究 [D]. 首尔：信韩大学.

[19] 张兰廷. 大数据的社会价值与战略选择 [D]. 北京中共中央党校，2014.

[20] 马胜利. 产业间创新驱动效应的影响因素研究——基于高中低技术两部门模型的视角 [D]. 沈阳：辽宁大学，2015.

[21]White H.,Press and Reality[M].New York: Free Press，1929.

[22]Skinner B. F.Science and Human Behavior[M].New York：The Free Press，1934.

[23]Schumpeter J. A. The Theory of Economic Development[M].Harvard University of Press. Cambridge, MA.,Harvard Economic Studies，1934.

[24]Kuhn Thomas S. The Structureof Scientific Revolutions[M].Chi-cago: University of Chicago Press，1962.

[25]Berelson B. G. A. Steiner[M].Behavior,N.Y.:Harcourt，1964.

[26]Maslow A. H.Motivation and Personality[M].New York: Harper &Row Mason, Ohio: Thomson/South-Western，1965.

[27]Torramce E. P.,Tests of Creative Thinking[M].Lexington, MA:Per-sonal Press，1966.

[28]Erikson E. H..Identity; Youth and Crisis[M].New York: Norton & Co.Inc,

1968.

[29]Tomkins S. S.,Affect as the Primary Motivational System[M].Feeling Sand Emotions,1970.

[30]Steiner J. A., John B. Miner, Management Policy and Strategy[M]. Macmillan Publishing Co. Inc. New York, 1971.

[31]Bem D.J.. Self-Perception Theory, In L.Berkowitz（Ed.）[M].Advancein Experimental Social Psychology（Vol. 6）,New York:Academic Press.1972.

[32]Hayek F. A.. Law,Legislation and Liberty; A New Statement of the Liberal, Principles of Justice and Political Economy[M].Rules and Order, London, Chicago: The University of Chicago Press, 1973.

[33]Knowels M. S.Self-direction in learning[M].New York:Association Press, 1975.

[34]Scott W. Richard. Organizations Rational[M].Natural and Open Systems, Practice-Hall Inc., Englewood Cliffs, New Jersey, 1981.

[35]Atkinson Rita L. and Richard C.Atkinson, Ernester R.Hilgard. Introduction to Psychology, 8th edition[M].Court Brace Jovanovich Publishers, 1983.

[36]Crider, A.. The Promise of Social Psychology Sio logy[M]. Social Psychophy Siology: A Source Book, 1983.

[37]Lundvall B A. Product innovation and user-producer interaction[M]. Industrial Development Research Series No.31. Aalborg: Aalborg University Press, 1985: 1-39.

[38]Dewey John Logic.The Theory of Inquiry, in Jo Ann Boydston,（ed.）[M]. The Later Works of John Dewey,Vol. 12:1938,Carbondale:Southern Illinois University Press,1986.

[39]Barron F.. Putting Creativity to WORK, In R. J. Sternberg（Ed.）[M].The Nature of Creativity, Cambridge, England:Cambridge University Press, 1988.

[40]Lazarus R. S. and Lauer R. H. Emotion and Adaptation[M].Oxford University Press, USA, 1991.

[41]Bush Paul D..The Methodology of Institutional Economics; A Pragmatic Instrumentalist Perspective, In Marc R. Tool, ed.[M].Institutional economics, Theory, Method, Policy, Klues Academic Publishers, 1993.

[42]Rogers C. R.On Becoming a Person: A Therapist's View of Psychotherapy Annual Review of Psychology[M].Boston: Hughton Mifflin, 1996.

[43]Simonton,D. K.Creative productivity: A predictive and explanatory model of career trajectories and landmarks[M].Psychological Review,1997.

[44]Frances A. and Michael B. F. Am I Okay A Layman's Guide to the Psychiatrist's Bible[M]. A Touchstone Book Published by Simon & Schuster, 1998.

[45]Weisberg R. W.,Creativity: Understanding innovation in problem solving, science, and the arts[M].Hoboken, NJ: Wiley & Sons,Inc, 1999.

[46]Lefton Lester A.,Linda Brannon, Psychology 9th (ed.) [M].Pearson Luthans Fred, Organizational Behavior, McGraw-Hill Book Co, 2006.

[47]Ciccarelli Samdra K. J. Nolamd White.Psychology 2nd ed,[M].Prentice Hall, 2009.

[48]Kreitner Robert,Kinicki Angelo, Organizational Behavior, Key Concepts, Skills & Best Practice (4th, ed.) [M]. McGraw-Hill, 2009.

[49]Nairne James S. Psychology 4th (ed.) [M].The Adaptive Mind Thomson, 2016.

[50]Schmoch U.Double-boom cycles and the comeback of science-push and market-pull[J].Research Policy, 2007 (7): 1000—1015.

[51]Cheol-yong Ann. A Study on the Effect of Perceived Self and Substantial Self on Achievement: Focusing on Power Cycle Approach[D].Inha University Graduate School of Business Administration Master's Thesis, 2013.

[52]Hyung-Nam Oh. A Study on Self-actualization and Achievement Behavior: Focusing on the Power Cycle Approach[D].Inha University Graduate School of Business Administration Master's Thesis,2013.

[53]Skinner B. F.,Contingencies of Reinforcement. East Norwalk,CT:Appleton-Century-Crofts.1971.

[54]Weisberg R. W.,Creative and Knowledge: A challenge to theories, In R. Sternberg(Ed.),Handbook of creativity,Cambridge University Press,1999.